HEYNE<

Amelie Fried

Schuhhaus Pallas
Wie meine Familie sich gegen die Nazis wehrte

Unter Mitarbeit von
Peter Probst

WILHELM HEYNE VERLAG
MÜNCHEN

Die Schreibweise in diesem Buch entspricht den Regeln der
neuen Rechtschreibung. In den zitierten Dokumenten und Briefen
wurde die Schreibweise des Originals beibehalten.

Verlagsgruppe Random House FSC-DEU-0100
Das für dieses Buch verwendete FSC-zertifizierte
Papier *München Super* liefert Mochenwangen Papier

Vollständige Taschenbuchausgabe 11/2009
Lizenzausgabe mit freundlicher Genehmigung
des Carl Hanser Verlags
Copyright © 2008 Carl Hanser Verlag, München Wien
Copyright © 2009 dieser Ausgabe
by Wilhelm Heyne Verlag, München
in der Verlagsgruppe Random House GmbH
Printed in Germany 2009
Umschlaggestaltung: Eisele Grafik-Design, München,
unter Verwendung eines Fotos aus dem Familienarchiv der Autorin
und nach der Originalgestaltung von Stefanie Schelleis
Satz: Satz für Satz. Barbara Reischmann, Leutkirch
Druck und Bindung: GGP Media GmbH, Pößneck
ISBN: 978-3-453-40663-6

www.heyne.de

Dieses Buch widme ich meinen Kindern Leonard Maximilian und Paulina Noemi sowie allen Mitgliedern der Familie Fried, insbesondere denen, die Opfer der nationalsozialistischen Gewaltherrschaft wurden.

Vorwort

7. November 2004. Mein Mann Peter ruft aus New York an, wo er beim berühmten New York Marathon mitgelaufen ist – ein Ereignis, auf das wir alle wochenlang hingefiebert haben. Aufgeregt frage ich, wie es gelaufen ist, welche Zeit er erreicht hat, ob auch seine Freunde gut ins Ziel gekommen sind. Er berichtet mir, wirkt aber merkwürdig abwesend.

Plötzlich fragt er: »Sagt dir eigentlich der Name Max Fried etwas?«

»Nie gehört«, antworte ich.

»Komisch. Dieser Max Fried hat dieselben Eltern wie dein Großvater.«

Ich verstehe nicht gleich. »Was meinst du damit, er hat dieselben Eltern wie mein Großvater? Dann wäre er ja ...«

»... ein Großonkel von dir.«

»Ich weiß nicht, ob mein Opa Geschwister hatte«, sage ich. »Eigentlich weiß ich gar nichts über ihn.« Ein ungutes Gefühl beschleicht mich. »Wie kommst du überhaupt darauf?«

»Ich war im Leo Baeck Institut[1]«, erklärt Peter, »dort habe ich im Gedenkbuch der Münchner Juden[2] herumgeblättert. Dabei stieß ich auf Max Fried, verheiratet mit Lilli Fried, geborene Schwarzschild.«

»Und dafür musstest du bis nach New York fahren?«, sage ich

---

[1] Alle im Text mit einer fortlaufenden Nummer gekennzeichneten Wörter und Begriffe werden im Anhang ab Seite 175 unter »Anmerkungen« erklärt.

spöttisch, denn das Gedenkbuch ist von Mitarbeitern des Münchner Stadtarchivs zusammengestellt worden. Dann fällt mir ein, dass die meisten Menschen, an die das Gedenkbuch erinnert, die Nazi-Zeit nicht überlebt haben.

Einen Moment ist es still in der Leitung.

Schließlich sagt Peter: »Max und Lilli Fried wurden am 13. März 1943 deportiert und in Auschwitz ermordet.«

Nach diesem Anruf bin ich einigermaßen verstört.

Wie ist es möglich, dass ich keine Ahnung davon gehabt habe? Gibt es vielleicht noch mehr, was ich nicht weiß? In meinem Elternhaus ist wenig über die Nazi-Zeit und den Krieg gesprochen worden, also habe ich immer geglaubt, es sei wohl auch nichts Wissenswertes vorgefallen.

Was soll ich nun machen? Wegsehen oder hinsehen? So tun, als wäre nichts, oder herausfinden, ob da noch mehr ist?

Ich entscheide mich fürs Hinsehen und beginne die Geschichte meiner Familie zu erforschen. Fast täglich erfahre ich von nun an durch meine Recherchen in Archiven (bei denen mich von Anfang an mein Mann Peter Probst intensiv unterstützt) und in Gesprächen mit den wenigen noch lebenden Zeitzeugen Erschütterndes über das Schicksal meines jüdischen Großvaters und seiner Familie.

Es dauert fast drei Jahre, bis ich die Ereignisse dieser Recherche geordnet und einigermaßen verarbeitet habe. Noch immer ist das Erschrecken über das Entdeckte groß. Das Schweigen all jener, die darüber hätten sprechen können und es nicht getan haben, hinterlässt Ratlosigkeit, Trauer, aber auch Wut.

1995 gab es ein Gespräch zwischen dem spanischen Widerstandskämpfer und Schriftsteller Jorge Semprún und dem jüdischen Schriftsteller Elie Wiesel[3], die das Konzentrationslager Buchenwald überlebt haben. 50 Jahre danach geht es um die Unmöglichkeit, über das Erlebte zu sprechen, und die Notwendigkeit, es dennoch zu versuchen.

Elie Wiesel sagt: »Es ist unmöglich, wir tun es aber trotzdem. Wir haben keine andere Wahl.« Er spricht davon, dass sie bald nicht mehr da sein werden und wie wichtig es sei, Spuren zu hinterlassen für die junge Generation. »Die Jugend macht den Unterschied aus. Die Jungen wollen heute wissen, was damals wirklich geschehen ist.«

Die Geschichte meiner Familie ist in vielem exemplarisch für das, was damals geschehen ist und was jüdischen Familien während der Nazi-Herrschaft angetan wurde. Bemerkenswert ist aber, wie sich insbesondere mein Großvater zur Wehr gesetzt hat, wie er sich mit einem fast naiv anmutenden Glauben an das, was rechtens ist, gegen Schikanen und Demütigungen auflehnte und – als sein offener Widerstand vergeblich blieb – mit einem gleichermaßen verrückten wie listigen Plan sich und seiner Familie das Überleben sichern wollte.

Dass er am Ende des Krieges noch am Leben war, verdankt er einem unglaublichen Zufall. Wie so viele, die jahrelang verfolgt, gedemütigt und vom Tode bedroht waren, konnte oder wollte er nie mehr darüber sprechen. Die Scham, Opfer gewesen zu sein, das Schuldgefühl, überlebt zu haben, während so viele Freunde und Verwandte starben – es sind Empfindungen, die in meiner Familie dazu geführt haben, dass geschwiegen wurde.

Warum breche ich das Schweigen? Warum erzähle ich die Geschichte?

Zunächst habe ich sie nur für mich und meine Familie aufgeschrieben, besonders für meine Kinder. Ich wollte nicht, dass sie womöglich eines Tages dieselben Entdeckungen machen wie ich und sich fragen müssen, warum ihnen niemand vom Schicksal ihrer Vorfahren erzählt hat.

Familiengeheimnisse haben eine starke und unberechenbare Wirkung. Die seelischen Verletzungen werden weitergegeben, von Generation zu Generation, auch und gerade durch das Schweigen. Ich glaube fest daran, dass nur, indem wir das Schweigen brechen, indem wir fragen und zuhören, diese Verletzungen irgendwann heilen können.

Bald gibt es für die Jahre zwischen 1933 und 1945 niemanden mehr, der uns erzählen könnte, wie es damals war. Ich wollte fragen, solange mir noch jemand Antwort geben konnte. Und ich möchte andere, die Fragen haben, ermutigen, sie zu stellen.

Dieses Buch ist auch eine Auseinandersetzung mit meinem Vater, dem ich in so vielem ähnlich bin und der doch nie zugelassen hat, dass wir uns nahekamen. Als Kind und Jugendliche litt ich unter der Fremdheit zwischen uns und kämpfte um seine Zuwendung und Anerkennung, meist vergeblich. Und natürlich dachte ich, die Ursache für die Distanz läge bei mir, sei von mir selbst – auf welche Weise auch immer – verschuldet.

Heute, da ich mehr über sein Leben weiß, glaube ich ihn besser verstehen zu können und ahne, dass seine Verschlossenheit auch andere Gründe hatte. Seine Unfähigkeit, Beziehungen einzugehen, sich einem anderen mitzuteilen, Glück zu empfinden und weiterzugeben, all das hatte auch mit Erlebnissen zu tun, die er nie wirklich verarbeitet hat. Ich wünschte, ich hätte schon zu seinen Lebzeiten erfahren, was ich heute weiß – es hätte vieles leichter für mich gemacht.

Noch einmal Elie Wiesel: »Selbst in unseren Familien haben wir die Erfahrung gemacht, dass es einfacher ist, mit den Enkeln zu sprechen als mit den Söhnen.«

Mit seinen Söhnen (und Töchtern) wollte mein Vater nicht sprechen. Mit seinen Enkeln kann er es nicht mehr. Deshalb erzähle ich ihnen seine Geschichte.

Ihnen und allen anderen, die wissen wollen, was damals geschehen ist.

1.

März 1984. Ich moderiere die Jugendsendung *Live aus dem Alabama* im Bayerischen Fernsehen. Es ist erst meine dritte Fernsehsendung überhaupt, eigentlich bin ich Studentin an der Münchner Hochschule für Fernsehen und Film. Zum TV-Casting hat mich ein Freund, der damalige Schauspielschüler Udo Wachtveitl, überredet – und zu unser beider Überraschung wurde nach zwei Probeläufen ich genommen.

Live aus dem Alabama ist eine Neuheit im deutschen Fernsehen: Junge Moderatoren diskutieren in einer ehemaligen Fabrikhalle live und vor Publikum mit ihren Gästen; anschließend treten berühmte Bands auf.

An diesem Abend ist die Atmosphäre von Beginn an aufgeheizt – unter den Eingeladenen sind Mitglieder der sogenannten Wiking-Jugend, einer Organisation, die sich gern als harmlose Pfadfindergruppe darstellt, in Wirklichkeit aber rechtsradikale Thesen vertritt. Auch in unserer Sendung versuchen die adrett gekleideten Jugendlichen zunächst, sich als Opfer von Vorurteilen darzustellen, sehr schnell zeigt sich jedoch, was sie wirklich denken: Sie bekennen, stolz auf ihr »Deutschtum« zu sein, und sprechen von »Rassenschande«, als einer unserer Kollegen seine afrikanische Freundin vorstellt. Nun kocht die Halle, ein Kameramann reißt sich die Kamera von der Schulter und beginnt mitzudiskutieren, auf der Bühne balgen wir Moderatoren uns mit den Gästen um die Mikrofone. Einer der Wiking-Jugendlichen behauptet, es sei zweifelhaft, ob es überhaupt Konzentrationslager gegeben habe, worauf ich ihn anfahre, er solle den Mund halten, mein Vater sei schließlich im KZ gewesen.

Diese Bemerkung war mir so rausgerutscht, ich hatte nicht darüber nachgedacht und bekam schließlich selbst Zweifel, ob das überhaupt stimmte.

Ich hatte als Kind mal aufgeschnappt, dass mein Vater gegen Kriegsende in einem Lager inhaftiert gewesen sei. Wie eine Art Urlaubsanekdote wurde in unserer Familie die Geschichte erzählt: Während eines Küchendienstes hätte er – nicht wissend, dass Reis während des Kochvorgangs sein Volumen vervielfacht – alles überkochen lassen und sei dafür bestraft worden. Deshalb verabscheue er Reis bis zum heutigen Tag.

Welche Bestrafung mein Vater erhalten hat, was für eine Art Lager das überhaupt war, wie lange er dort eingesperrt wurde, was sich in dem Lager abgespielt hat – es wurde nie darüber gesprochen, und niemand in der Familie wagte, danach zu fragen.

Komischerweise fragte auch damals nach der Fernsehsendung niemand, was ich da eigentlich behauptet hätte. Die einzige Reaktion kam von anonymen Anrufern, die mich als »Judensau« beschimpften und ihr Bedauern ausdrückten, dass mein Vater nicht vergast worden sei.

Ich beantragte daraufhin eine geheime Telefonnummer, die ich bis heute habe.

Auch später, als ich die Talkshow *Live aus der Alten Oper* moderierte, strotzten die Protokolle der Zuschaueranrufe von antisemitischen Ausfällen. Abgesehen von den üblichen Beleidigungen wurde ich als »jüdische Kommunistin« beschimpft – keine Ahnung, wie ich zu dieser Ehre kam. Vielleicht hatte mich jemand mit dem jüdischen Schriftsteller Erich Fried[4] in Verbindung gebracht, der wegen seiner linken politischen Einstellung zeitlebens als Kommunist verunglimpft wurde. Irgendwann bat ich die Sendeleitung des ZDF, mir die Protokolle nicht mehr zu geben.

Jahre später, als wir mal über die Wiking-Jugend-Sendung sprachen, fragte mich mein Mann, ob ich mit der Behauptung, mein Vater sei im KZ gewesen, im Dienste der guten Sache nicht vielleicht etwas übertrieben hätte. Ich reagierte wütend, wie bei einer Lüge ertappt.

Heute weiß ich, dass ich – ohne mir darüber im Klaren gewesen zu sein – die Wahrheit gesagt habe.

Natürlich haben meine Brüder und ich als Kinder gehört, dass mein Vater »Halbjude« sei. Auch meine Mutter verwendete damals arglos den Begriff – die Nazi-Terminologie war den Menschen offenbar in Fleisch und Blut übergegangen. Bis heute werden ja Begriffe wie »Drittes Reich«, »Zusammenbruch« und – am wenigsten erträglich – die Formulierung »bis zur Vergasung« von Leuten verwendet, die es eigentlich besser wissen müssten.

Ein »Halbjude«, so wurde uns erklärt, sei jemand mit einem jüdischen Elternteil. Nach dieser Arithmetik waren wir, meine Brüder und ich, also »Vierteljuden«. Da wir – jedenfalls so ungefähr – wussten, was in der Nazi-Zeit mit den Juden passiert war, löste die Bezeichnung bei uns einen gruseligen Schauder aus. Wir fragten uns, was wohl mit uns passiert wäre, wenn wir damals gelebt hätten. Hätte man uns verfolgt? Eingesperrt? Umgebracht?

Merkwürdigerweise brachten uns diese Überlegungen nicht auf die nächstliegende Frage, nämlich: Wie war es eigentlich unserem Vater und unserem Großvater während der Nazi-Zeit ergangen?

Diese Fragen wurden nicht gestellt. Nicht, weil jemand es uns verboten hatte, sondern weil unausgesprochen feststand, dass an diese Themen nicht gerührt werden sollte. Wann immer das Gespräch darauf kam, verließ mein Vater wortlos den Raum. Ebenso, wenn im

Fernsehen etwas über damals lief. Ich kannte es nicht anders und hielt die Reaktion für normal, glaubte deshalb auch nicht, dass es einen besonderen Grund für das Verhalten meines Vaters gäbe.

Ich erinnere mich an ein einziges Mal, als ich, vierzehn- oder fünfzehnjährig, den Vorsatz fasste, meinen Vater danach zu fragen. Er ist 1906 geboren, war also bei Hitlers »Machtergreifung« bereits ein erwachsener Mann. Ich hatte gerade die Nazi-Herrschaft und den Zweiten Weltkrieg in der Schule durchgenommen und die Aufforderung unseres Geschichtslehrers im Kopf, mit unseren Eltern und Großeltern über das Thema zu sprechen.

Ich nutzte also einen abendlichen Spaziergang mit meinem Vater und brachte das Gespräch vorsichtig in die gewünschte Richtung.

»Du, Papa, wie war es eigentlich so im Krieg?«, lautete meine bewusst naive Frage.

»Ja, was glaubschn du?«, erwiderte er mit seinem ausgeprägten schwäbischen Akzent. »Scheiße war's, wie sonscht?«

»Warst du Soldat?«

»Scho«, brummte mein Vater zunehmend unwillig, »aber dann hams mi nemme gwollt.«

»Warum?«

»Jetzt hörsch auf mit dem dumma Gschwätz, hasch ghört?«, fuhr er mich an, und damit war das Gespräch beendet.

Vor kurzem erst erzählte mir mein Bruder Nico, dass auch er und mein Bruder Rainer einmal den Versuch gemacht hatten, unseren Vater nach seinen Kriegserlebnissen zu fragen.

»Papa, hast du im Krieg jemanden totgeschossen?«, wollten sie wissen, und mein Vater gab zu, einen französischen Soldaten verwundet zu haben. Er sei aber sofort hingelaufen und habe ihm geholfen, die Wunde zu verbinden.

Mehr hatten auch die beiden Jungen nicht aus ihm herausgekriegt.

»Judapfürz« hießen die Kracher, die es in meiner Kindheit zur Faschingszeit gab (und wohl heute noch gibt). Mir machten die Dinger eine Heidenangst; sie waren wahnsinnig laut und sprangen, einmal gezündet, unberechenbar hin und her. Natürlich gab es sie nur bei anderen Kindern, meine Eltern kauften niemals Feuerwerkskörper, nicht mal an Silvester. Eines Tages konnte ich mich nicht beherrschen und erzählte zu Hause, womit der von mir sehr bewunderte Nachbarsjunge mich beeindruckt hatte: »Hundert Judapfürz hot der Klausi g'hett, und älle hot er gschmissa!«

»Judapfurz sagt man nicht!«, herrschte meine Mutter mich an. Ich schloss aus ihrer Reaktion, dass nicht nur das Furzen selbst verboten war, sondern auch die Verwendung des Wortes »Furz« (im Schwäbischen »Pfurz«). Dass der Ausdruck eine Beleidigung für Juden ist, wurde mir nicht bewusst.

Es ist Weihnachten. Ich bin drei oder vier, ein kleines Mädchen mit blondem Lockenkopf und vor Aufregung roten Backen. Meine Mutter hat mir extra für diesen Tag ein schönes Kleid genäht. Ich habe eine Puppe geschenkt bekommen und einen Puppenwagen. Unermüdlich schiebe ich den Wagen in der Wohndiele auf und ab, wiege die Puppe, bette sie wieder in den Wagen.

Meine Eltern haben an diesem Abend meinen Großvater eingeladen. Er ist ein hagerer alter Mann mit scharfem Profil, der schwer hört. Trotz seines hohen Alters (er ist damals schon über achtzig) hat er wache, dunkle Augen, mit denen er seine Umgebung mustert. Er strahlt etwas aus, das mich einschüchtert, heute würde ich es wohl Autorität nennen. Damals nehme ich nur wahr, dass in seiner Anwesenheit mein Vater, der mir sonst überaus mächtig und bedeutend erscheint, ein bisschen schwächer und weniger bedeutend wirkt.

Mein Großvater sitzt in einem Sessel neben dem Weihnachtsbaum. Er hat seine Geschenke (praktische Kleinigkeiten und ein paar Süßigkeiten, die meine Mutter besorgt hat) ausgepackt, nun sieht er mir zu, fordert mich mit einer Handbewegung auf, zu ihm zu kommen. Zögernd nähere ich mich, reiche ihm die Puppe. Er nimmt sie in den Arm, wiegt sie einen Moment und gibt sie mir zurück. Schnell laufe ich wieder weg, verlegen und auch ein bisschen erschrocken über die plötzliche Nähe. Ich will mich zu meiner Mutter flüchten, aber die filmt gerade mit ihrer Super-8-Kamera, und dabei darf man sie nicht anstoßen.

Mein Vater sitzt in einiger Entfernung und beobachtet die Szene. Ein seltsamer Ausdruck liegt auf seinem Gesicht.

Eine weitere Erinnerung an Opa Fried, wie mein Großvater väterlicherseits genannt wurde, spielt im Ulmer Bundesbahnhotel, abgekürzt Bubaho. Dort hat er einen täglichen Mittagstisch, und ich erinnere mich an einige gemeinsame Mahlzeiten. Ich gehe als kleines Mädchen gern »auswärts essen«, weil es dann »Reisle, Fleischle und Erbsle« gibt – und natürlich Nachtisch.

Mein Großvater sitzt immer am selben Platz, an der Stirnseite eines Tisches, den die Kellner »Fried-Tisch« nennen, in einer Nische am Fenster. Draußen sieht man die Menschen über den Bahnhofsvorplatz gehen, manche schlendern gemächlich, andere haben es eilig, tragen Koffer und Reisetaschen. Drinnen hört man das vornehme Klappern von Besteck und die gedämpften Stimmen der anderen Gäste.

Der Wirt des Bubaho, Alwin Frey, nähert sich dem Tisch mit einer Reihe kleiner Verbeugungen, fragt, ob alles zur Zufriedenheit sei, streicht mir mit der Hand über den Kopf. »Willsch a Eis?« Natürlich will ich. Vanille, Schokolade, Erdbeere. Mit Sahne und Waffel.

Wenn mir langweilig wird und ich zu quengeln anfange, führt mein Großvater mir das Bierdeckel-Kunststück vor. Dabei legt er einen immer höher wachsenden Stapel Bierdeckel an den Rand des

Tisches, schleudert ihn mit einer schnellen Bewegung durch die Luft und fängt ihn mit derselben Hand geschickt wieder auf. Später, als meine Brüder auf der Welt sind, übernimmt mein Vater die Vorführung dieses Kunststücks.

Ich erinnere mich nicht, worüber meine Eltern und mein Großvater bei diesen Mahlzeiten gesprochen haben. Nur, dass mein Vater einen unruhigen, fast gereizten Eindruck auf mich machte. Diffus nahm ich wahr, dass die Atmosphäre zwischen ihm und meinem Großvater gespannt war. Und dass meine Mutter versuchte, durch besondere Lebhaftigkeit und häufiges Lachen die Stimmung aufzulockern.

Meine Großmutter Martha starb, als ich zwei Jahre alt war, und ich habe keine Erinnerung an sie. Auf den wenigen Familienfotos, auf denen sie abgebildet ist, sieht man eine stattliche, ein bisschen matronenhafte Frau, neben der mein Großvater schmal und asketisch wirkt.

Auf einem Bild, das ich erst vor kurzem entdeckt habe, sitzt mein ungefähr acht- oder neunjähriger Vater im Matrosenanzug an

einem Tisch und betrachtet ein Fotoalbum. Er ist klein und schmächtig, und seine Ohren stehen ab. Mein Großvater sitzt in Erster-Weltkriegs-Uniform links von ihm und starrt ins Leere. Rechts am Tisch steht meine Großmutter, das üppige dunkle Haar hochgesteckt, in einem Taftkleid mit Rüschen und Volants, das ihre Körperfülle noch betont. Sie stützt ihre Hände auf den Tisch und die Lehne der Eckbank, auf der mein Vater sitzt. Von oben blickt sie auf die Szenerie, fürsorglich und bestimmend wie eine Vogelmutter auf ihre Brut.

Auf einem der letzten Fotos, das drei Jahre vor ihrem Tod bei der Hochzeit meiner Eltern aufgenommen wurde, sitzt meine Großmutter in einem eleganten Kostüm mit Hahnentrittmuster und einer Brosche am Revers auf einer Bank, die Hände im Schoß gefaltet. Diesmal ist es mein Großvater, der steht. Er trägt einen dunklen Anzug und eine festlich glänzende Krawatte, an seinem Revers steckt eine Ordensnadel.

Im Alter hat sich das Verhältnis umgekehrt: Mein Großvater wirkt groß und stattlich, meine Großmutter klein und zart. Sie sieht aus, als wäre sie zehn Jahre älter als er, dabei wurden sie beide im gleichen Jahr, 1878, im Abstand von nur elf Tagen geboren, er am 12., sie am 23. Mai.

Lange habe ich in diesem Foto ein ganz normales Familienbild gesehen, meine Oma und meinen Opa am Ende ihres langen, gemeinsamen Lebens. Heute, da ich weiß, was die beiden durchgemacht haben, erhält das Bild eine andere Symbolkraft. Es zeigt zwei Menschen, die auf schicksalhafte Weise miteinander verstrickt waren, deren Verbindung zeitweise über Leben und Tod entschied, die auseinandergingen, wieder zusammenkamen und zusammenblieben, obwohl sie eigentlich nicht mehr zusammengehörten.

Dass sie überhaupt gemeinsam auf einem Foto von 1957 zu sehen sind, ist durchaus nicht selbstverständlich. Nach den Regeln der Wahrscheinlichkeit hätte mein Großvater zu diesem Zeitpunkt längst nicht mehr leben dürfen.

1914 gründet mein Großvater einen kleinen Schuhladen, der im Lauf der Jahre zum zweitgrößten Ulmer Schuhgeschäft, dem renommierten Schuhhaus Pallas, heranwächst. Zunächst heißt das Geschäft allerdings Schuh-Palast, was den Ärger eines größeren Mitbewerbers hervorruft, der sich beschwert, ein so kleines Geschäft dürfe nicht den irreführenden Namen »Palast« tragen. Mein Großvater ändert listig nur zwei Buchstaben des beanstandeten Wortes und vermeidet damit eine weitere Auseinandersetzung. Kaum jemand versteht wohl den Hinweis auf die wehrhafte Göttin Pallas Athene[5], der sich im neuen Namen versteckt. Auch mein

Großvater ahnt nicht, wie symbolträchtig diese Umbenennung später erscheinen wird, als er um das Überleben seines Geschäftes kämpfen muss.

Anfang der Sechzigerjahre darf ich als kleines Mädchen mit meiner Mutter in Opas Schuhgeschäft einkaufen und bin berauscht von der Fülle des Angebots, von den schwarzen Lackschuhen, Spangenschuhen, Sandalen, Stiefelchen ... Nach jedem Kauf bekomme ich einen Luftballon, der an einer dünnen Drahtstange befestigt ist und wie ein Geist über meinem Kopf schwebt.

In meiner Erinnerung sitzt mein Großvater an der Kasse und tippt Zahlen ein, während emsige Verkäuferinnen die Kunden bedienen. Ich erinnere mich an Frauenfüße, die mit Hilfe eines Schuhlöffels in elegante Pumps gleiten – »Absatzschuhe« nenne ich sie, und sie sind meine größte Sehnsucht, aber es gibt sie nicht für Kinder. Ich erinnere mich an Männerfüße in derben Wollsocken, von denen ich mir vorstelle, dass sie nicht gut riechen, und an schwarze, glänzende Schnürschuhe, wie mein Vater sie trägt, wenn er ins Theater geht. Im Geiste sehe ich mich als spätere Besitzerin des Schuhgeschäfts, buchstäblich in den Fußstapfen meines Großvaters.

In dem einzigen Traum meiner Kindheit, an den ich mich bis heute erinnern kann, geht mein Wunsch in Erfüllung: Ich erbe Opas Schuhgeschäft! Schwindelig vor Glück, drehe ich mich zwischen den Regalen. Als ich gerade beginnen will, all die wundervollen Schuhe anzuprobieren, wache ich auf. Welch furchtbare Enttäuschung! Verzweifelt versuche ich, wieder einzuschlafen und den Traum weiter zu träumen, aber es gelingt mir nicht.

1918 kommt, zwölf Jahre nach meinem Vater Kurt, seine Schwester (meine Tante Anneliese) zur Welt. Aufgrund des großen Altersunterschiedes sind sich die Geschwister von Anfang an nicht sehr nahe;

Meine »lustige kleine Tante« Anneliese im Alter von zwei Jahren

auch als Erwachsene haben sie, obwohl beide in Ulm leben, kaum Kontakt.

Ich kann mich nur an wenige Begegnungen mit meiner Tante während meiner Kindheit erinnern; schon damals kam es mir so vor, als ginge mein Vater ihr regelrecht aus dem Weg. Er schien sich in ihrer Nähe ebenso unwohl zu fühlen wie in der Nähe meines Großvaters.

Anneliese und mein Vater müssen als Kinder ihre Eltern siezen; überhaupt ist das Klima bei ihnen zu Hause eher kühl. Vielleicht ist das einer der Gründe, dass beide nicht zu besonders herzlichen Menschen heranwachsen. Es heißt allerdings auch, dass die Frieds sich von Natur aus durch ein eher sprödes Wesen auszeichnen.

Anneliese jedenfalls war eine »typische Fried«, eher nüchtern, aber mit trockenem Humor gesegnet. Meine Kinder, die sie noch erlebt haben, nannten sie »die lustige kleine Tante«. Sie hatte einen starken Willen, den sie ruhig und beharrlich durchzusetzen wusste, anders als mein Vater, der schnell mal losbrüllte, wenn ihm etwas nicht passte.

Die Gründe dafür, dass mein Vater so wenig Familiensinn hatte, sah ich lange Zeit nur in seiner Wesensart. Er war eben kein sehr beziehungsfähiger Mensch und zog Wahlverwandtschaften den naturgegebenen Familienbanden vor.

Erst als ich begann, mich mit meiner Familiengeschichte zu beschäftigen, wurde mir klar, dass es wohl auch noch andere, schwerwiegendere Gründe für seine Distanz zur Familie gab. Jede Begegnung mit seinem Vater oder seiner Schwester erinnerte ihn an eine Zeit, die er lieber vergessen wollte.

2.

Aus der Tageszeitung *Ulmer Sturm*[6] vom 16. September 1933: »Anzeigen vom Schuhhaus Pallas lehnen wir nach wie vor ab.«

Überschrift im *Ulmer Tagblatt*[7] vom 20. April 1935: »Er will kein Jude sein – Der Jude Fried, Ehemann der Martha Fried vom Schuhhaus Pallas.«

Was war passiert?

Im März 1933 ruft der *Ulmer Sturm* im Vorfeld der reichsweiten Aktion gegen jüdische Unternehmer, Ärzte und Rechtsanwälte vom 1. April zum Boykott jüdischer Geschäfte auf. Mein Großvater reagiert schnell: Um das wirtschaftliche Überleben der Familie zu sichern, überschreibt er im Mai 1933 – der verqueren Logik der Nazis folgend – das Schuhhaus Pallas seiner »arischen«[8] Ehefrau Martha. Es nutzt nichts. Obwohl er nicht mehr Eigentümer ist, wird das Geschäft weiter als jüdisch bezeichnet und verunglimpft, die Kundschaft bleibt aus. Meine Großmutter reicht Klage beim Amtsgericht ein und verliert. Sie legt Berufung ein und verliert wieder. Begründung: Ihr Mann sei Jude, daran ändere auch nichts, dass er vor 30 Jahren zum Christentum übergetreten sei.

Süffisant heißt es im *Ulmer Tagblatt*: »Dazu bemerken wir lediglich, daß Franz Fried laut polizeilicher Eintragung am 12. Mai 1878 in der Bezirkshauptmannschaft Zolynia in Galizien (Österreich)[9] als Jude geboren ist. Wer noch irgendwelche Zweifel hat, kann dem nachfolgend mitgeteilten Beschluß des Amtsgerichtes Ulm, auf dessen Veröffentlichung die Kreisleitung Ulm der NSDAP[10] zur Unter-

Er will kein Jude sein
Der Jude Fried, Ehemann der Marta Fried
vom Schuhhaus Pallas

Der Sprechsaalartikel in unserer Ausgabe vom 15. April hat Frau Marta Fried veranlaßt, in einer öffentlichen Erklärung ihres Rechtsbeistands erneut festzustellen, daß der „im Geschäft tätige, der evangelischen Kirche angehörige Ehemann deutsch-österreichischer Staatsangehöriger mit dem Heimatsrecht in Innsbruck (Tirol) ist." Dazu bemerken wir lediglich, daß Franz Fried laut polizeilicher Eintragung am 12. Mai 1878 in der Bezirkshauptmannschaft Zolynia in Galizien (Oesterreich) als Jude geboren ist. Wer noch irgendwelche Zweifel hat, kann dem nachfolgend mitgeteilten Beschluß des Amtsgerichts Ulm, auf dessen Veröffentlichung die Kreisleitung Ulm der NSDAP zur Unterrichtung der gesamten Ulmer Bevölkerung größten Wert legt, alles weitere entnehmen.

Es sei dazu bemerkt, daß die Klägerin gegen dieses Urteil Berufung eingelegt hatte und daß sie auch vor der Ersten Strafkammer des Landgerichts den Prozeß laut Beschluß vom 4. November 1933 verloren hat.

Amtsgericht Ulm
Beschluß vom 27. Oktober 1933

In der Privatklagesache der Frau Marta Fried, Inh. des Schuhhauses Pallas in Ulm, Privatklägerin, vertreten durch die Rechtsanwälte Storz und Dr. Zettler in Ulm gegen Rupert Brenner, Redakteur bei der Tageszeitung Ulmer Sturm, Beschuldigter, in Ulm a. D., vertreten durch Rechtsanwalt Mühlhäuser in Ulm,

wegen öffentlicher Beleidigung durch die Presse, wird die Privatklage vom 3. Oktober 1933 zurückgewiesen. Die Kosten des Verfahrens trägt die Privatklägerin.

Gründe:

Die vom Beschuldigten im Inseratenteil der Tageszeitung Ulmer Sturm vom 16. 9. 1933 veröffentlichte Erklärung: „Anzeigen vom Schuhhaus Pallas lehnen wir nach wie vor ab", erfüllt nicht den Tatbestand einer strafbaren Handlung i. S. des Paragr. 185 St.G.B. Die Privatklägerin hatte die Redaktion der genannten Tageszeitung ersucht, im Inseratenteil eine längere Erklärung darüber, daß sie arischer Abstammung sei und daß ihr Geschäft kein jüdisches Unternehmen sei, zu veröffentlichen. Dieses Ersuchen war der Anlaß zu der Erklärung des Beschuldigten. Da die Redaktion des Ulmer Sturm nicht verpflichtet war, das Inserat zu veröffentlichen, konnte die Beschuldigte die Veröffentlichung mit Recht ablehnen. Die Ablehnung als solche war weder eine Herabsetzung der persönlichen Ehre noch der Geschäftsehre der Privatklägerin. Auch die vom Beschuldigten gewählte Wortfassung war nicht verletzend. Es bleibt daher nur übrig, ob eine Ehrverletzung darin erblickt werden kann, daß der Beschuldigte seine Mitteilung an die Privatklägerin öffentlich durch die Zeitung gemacht hat und damit aus dieser Mitteilung, wie er angibt, gleichzeitig eine Mitteilung an das lesende Publikum des Inhalts gemacht hat, daß er das Geschäft der Privatklägerin nach wie vor wie ein jüdisches Geschäft behandle. Das Geschäft der Privatklägerin gehörte nämlich bis zum 1. 5. 1933 ihrem Ehemanne Franz Fried.

Dieser ist vor etwa 30 Jahren vom Judentum zum Christentum übergetreten, ist also jüdischer Abstammung und zweifellos heute noch maßgebend für die Führung des Geschäfts der Privatklägerin.

Eine öffentliche Erklärung einer nationalsozialistischen Zeitung, daß sie ein solches Geschäft nach wie vor wie ein jüdisches behandle, kann aber in unserem nationalsozialistischen Staate nach der Auffassung der überwiegenden Kreise des Volkes nicht als eine Handlung angesehen werden, durch die ungerechtfertigt die Mißachtung einer Person kundgegeben wird oder der Eindruck einer solchen ungerechtfertigten Mißachtung hervorgerufen wird.

Amtsrichter: gez. Roßnagel

J. B.

Ulm, den 27. Oktober 1933.

Geschäftsstelle des Amtsgerichts:
gez. O.S. Hägele.

richtung der gesamten Ulmer Bevölkerung größten Wert legt, alles weitere entnehmen.«

Einmal Jude, immer Jude.

Schon ab 1933 gibt es unter Ulmer Nazis Bestrebungen, meinen Großvater, der österreichischer Staatsbürger ist, ausweisen zu lassen. Es sind wohl auch Geschäftsbesitzer darunter, die hoffen, auf diese Weise einen lästigen Konkurrenten loszuwerden.

Der erste Versuch misslingt: Im August 1933 teilt der Leiter der Politischen Polizei im württembergischen Innenministerium der Polizeidirektion Ulm unter dem Betreff »Ausweisung des österreichischen Staatsangehörigen Franz Fried in Ulm« mit: »Wenn auch der weitere Aufenthalt des Franz Fried […] durchaus unerwünscht ist, so ist doch schon aus außenpolitischen Rücksichten zu seiner Ausweisung erforderlich, daß bestimmte diese Maßnahmen rechtfertigende Tatsachen vorliegen. Der Umstand, daß Fried jüdischer Abstammung ist, genügt bei der langen Dauer seines Aufenthaltes in Deutschland allein nicht […]. Dagegen ist die Ausweisung dann unbedenklich, wenn gegen Fried noch besondere Gründe (staatsfeindliche, politische Betätigung, unsaubere Geschäftsführung, gerichtliche Bestrafung usw.) vorliegen. Die Polizeidirektion wird beauftragt, hiernach den Fall einer Nachprüfung zu unterziehen und gegebenenfalls das weitere zu veranlassen.«

Soll heißen: Da wird sich doch irgendetwas Belastendes finden lassen, wenn man sich ein bisschen bemüht! Ärgerlich für seine Gegner: Mein Großvater verfügt über einen tadellosen Leumund, weder ist er jemals politisch aufgefallen, noch hat er Steuern hinterzogen oder silberne Löffel gestohlen. Auf diese Art würde man ihn also nicht loswerden, deshalb versuchen seine Gegner von nun an, ihn gezielt zu diffamieren – unter anderem mit dem Anzeigenboykott im *Ulmer Sturm*.

Abschrift.

Württ. Innenministerium —
~~Württ.politische Polizei~~. Stuttgart, den 19. August 1933.

Nr. P.A. 2401/91.

An

die Polizeidirektion

U l m .

Auf den Bericht vom 9. August 1933
Nr. 554.

Betreff: Ausweisung des österreichischen
Staatsangehörigen Franz F r i e d
in Ulm.

1 Anlage zurück.

    Wenn auch der weitere Aufenthalt des Franz F r i e d, Jnhaber des Schuhhauses "Pallas" in Ulm, durchaus unerwünscht ist, so ist doch schon aus außenpolitischen Rücksichten zu seiner Ausweisung erforderlich, daß bestimmte diese Maßnahme rechtfertigende Tatsachen vorliegt Der Umstand, daß Fried jüdischer Abstammung ist, genügt bei der langen Dauer seines Aufenthalts in Deutschland allein nicht, um seine Ausweisung zu begründen. Dagegen ist die Ausweisung dann unbedenklich, wenn gegen Fried noch besondere Gründe (staatsfeindliche politische Betätigung, unsaubere Geschäftsführung, gerichtliche Bestrafung usw.) vorliegen.

    Die Polizeidirektion wird beauftragt, hienach den Fall einer Nachprüfung zu unterziehen und gegebenenfalls das weitere zu veranlassen. Das Oberamt Ulm hat Abschrift dieses Erlasses erhalten.

                      Der Leiter
              der Württ.Politischen Polizei

                (gez.) Dr. M a t t h e i ß.

:/:

Mein Großvater weiß genau, aus welcher Ecke die Angriffe kommen. Ulm ist eine kleine Stadt, man kennt sich. Anstatt sich wegzuducken und dem Ärger möglichst aus dem Weg zu gehen, beginnt Franz Fried sich zu wehren. Stur, trotzig und sehr mutig.

Bald beginnen juristische Auseinandersetzungen um die Frage, ob das Schuhhaus Pallas ein jüdisches Geschäft sei oder nicht. Seine Gegner haben dazu eine klare Meinung und schrecken auch vor illegalen Mitteln nicht zurück. Das zeigen die »Juden raus«- oder »Deutsche, kauft nicht bei Juden«-Schmierereien an den Schaufenstern. Aber mein Großvater beharrt auf dem, was er für sein Recht hält, unbeugsam, manchmal bis zur Rechthaberei.

»Er will kein Jude sein« lautet die Schlagzeile, und sie ist ebenso hinterhältig wie falsch. Mein Großvater will nicht »kein Jude sein«, er will nur nicht beleidigt und verfolgt werden. Seine Beziehung zum Judentum ist nicht sehr ausgeprägt – wäre er sonst meiner Großmutter zuliebe vor der Hochzeit zum Christentum übergetreten?

Meine Tante Anneliese besucht zu dieser Zeit die Ulmer Mädchenoberrealschule. Sie träumt davon, Abitur zu machen, ist ehrgeizig und fleißig. In ihrem Zeugnis der mittleren Reife erhält sie überwiegend befriedigende Noten; in Englisch, Naturgeschichte und Staatsbürgerkunde Zweier, in Religion sogar eine Eins. Ihr Verhalten, ihr Fleiß und ihre Aufmerksamkeit werden als »vorzüglich« beurteilt.

Unter ihren Mitschülerinnen ist sie beliebt und hat auch eine »beste Freundin«. Die spricht eines Tages plötzlich nicht mehr mit ihr und lädt sie nicht zu ihrer Geburtstagsfeier ein. Anneliese fragt verstört, was denn los sei, und das Mädchen erklärt ihr: »I darf nimmer mit dir zamm sein. Meine Eltern hamms verboten.«

Der seelische Stress hat Folgen: Annelieses Tage bleiben aus. Auch andere körperliche Symptome wie Schlaflosigkeit quälen sie und lassen sie nie mehr los: Ihr Leben lang kann sie nur mit Hilfe von Medikamenten schlafen.

Als Anneliese mir 2005 von dem Erlebnis mit ihrer Freundin erzählt, frage ich sie, ob ihr denn der Grund für dieses Verbot klar gewesen sei. Sie sieht mich an, als könne sie meine Begriffsstutzigkeit nicht fassen. »Natürlich!«, sagt sie. »Mir waret doch Juda!« Der Tonfall ihrer Antwort befremdet mich. Es klingt darin etwas mit wie: Deshalb hatten wir es auch nicht besser verdient.

Als ich sie frage, ob die Mitbewohner in ihrem Altenstift über ihre jüdische Herkunft Bescheid wüssten, sagt sie: »Um Gottes willen, des solln die gar net wissen! I hab mir in meim Leben gnug anhören müssen deswegen.«

Es gibt den Begriff des »jüdischen Selbsthasses«. Menschen, denen man lange genug einredet, sie seien minderwertig, glauben es irgendwann. Bei Anneliese haben die Demütigungen, die sie in ihrer Jugend erlebt hat, ein Leben lang gewirkt: Sie empfand ihr Jüdischsein selbst als Makel.

Deshalb war ich auch nicht überrascht, als ich nach ihrem Tod erfuhr, sie habe sich als junge Frau die Nase operieren lassen – um nicht mehr jüdisch auszusehen.

1935. In Ulm erscheinen immer mehr »Juden unerwünscht«-Schilder an Cafés, Parkbänken und Läden; die Boykottaufrufe gegen jüdische Geschäfte häufen sich. Der *Ulmer Sturm* behauptet in einem

Artikel vom 30. April 1935 mit dem scheinheiligen Titel »Nur ein paar Zahlen«, dass Ulmer Juden »auf allen Lebens- und Wirtschaftsgebieten unter geschickter Tarnung dunkle Geschäfte treiben«. Von den ansässigen 500 Juden habe ein Drittel ein eigenes Geschäft. Es gebe außerdem sieben jüdische Ärzte, einen Juden-Zahnarzt und sieben jüdische Rechtsanwälte. Das sei, verglichen mit der Gesamtbevölkerung, viel zu viel. Schlussfolgerung: »Keinen roten Pfennig trage ich in ein jüdisches Geschäft.«

Am 15. und 20. April 1935 erscheinen aufhetzende Artikel gegen Franz Fried und das Schuhhaus Pallas. Die Scheiben des Geschäfts werden fortwährend mit antisemitischen[11] Parolen beklebt. Mein Großvater verlangt von der Polizeidirektion Ulm, dass vor seinem Geschäft ein Wachposten aufgestellt wird.

War es Naivität, oder glaubte er damals wirklich, ein Staat, der das offiziell noch geltende Recht nach Belieben beugte und die judenfeindliche Stimmung systematisch schürte, würde ihn schützen? Um seiner Forderung Nachdruck zu verleihen, droht er mit der Einschaltung des österreichischen Generalkonsulats und macht diese Ankündigung schließlich auch wahr.

In einem Brief an das Schuhhaus Pallas schreibt der Ulmer Polizeidirektor Wilhelm Dreher am 7. Mai 1935: »Sie genießen den Schutz des Staates [...] Sie tun aber gerade so, als wie wenn die Polizei nur allein für Sie da wäre. Sie schreiben: ›Ich ersuche nun zum 3. Male um Abhilfe gegen diese rechtswidrige Provozierung und Boykottaufforderung.‹ Es ist der Polizei unmöglich, Posten aufzustellen. Es bleibt Ihnen überlassen, selbst in der Nacht aufzupassen und dann die Betreffenden der Polizei zur Anzeige zu bringen. Im übrigen verbitte ich mir diesen Ton und die Drohung mit dem österreichischen Generalkonsulat. Dies könnte höchstens dazu führen, daß wegen Ungebühr gegen Sie eingeschritten werden müßte. Heil Hitler!«

An das österreichische Generalkonsulat in München schreibt Dreher schließlich: »Fried selbst ist nicht ganz unschuldig an den Vorgängen, indem er sich ebenfalls beleidigend geäußert hat. Der Polizeiverwaltung selbst ist es unmöglich, ihm einen besonderen Wachposten vor sein Geschäft zu stellen. Es sind bis jetzt dort weder Fenster noch Türen eingeschlagen, noch irgendetwas beschädigt worden. [...] Die Behörde sieht es als unerträglich an, das Fried dauernd mit dem Generalkonsulat droht.«

Wilhelm Dreher (1892–1969), ein simpel gestrickter Mann aus kleinen Verhältnissen, der fest zum Aufstieg entschlossen ist, wird zum größten Widersacher der Familie Fried.

1918 beteiligt er sich am Matrosenaufstand in Kiel[12], Mitte der Zwanzigerjahre schließt er sich den Nazis an. Er wird einer der ersten Reichstagsabgeordneten der NSDAP (1928, als die NSDAP noch bei 2,6% liegt und 12 Abgeordnete hat).

Der als Polizeipräsident zu großer Macht gekommene Dreher gilt als launisch und unberechenbar, im einen Moment verhält er sich eher nachlässig im Sinne der Parteiideologie, dann wieder äußerst brutal. Silvester Lechner, der Leiter des Ulmer Dokumentationszentrums KZ Oberer Kuhberg[13], sagt über ihn: »Es gibt begründete Zweifel daran, dass der ergebene Parteigenosse das NS-Parteiprogramm geistig völlig durchdrungen hat.«

Das hindert Dreher allerdings nicht, seine Macht willkürlich und zum eigenen Nutzen einzusetzen und Menschen zu drangsalieren. Diese »Leistungen« tragen ihm 1933 – gleichzeitig mit Adolf Hitler – die Ehrenbürgerwürde der Stadt Ulm ein.

Dreher ist ehrgeizig und zugleich autoritätshörig. Die ständigen Beschwerden meines Großvaters, der auf seine Rechte als österreichischer Staatsbürger pocht, müssen den Bürokraten bis aufs Blut reizen, denn jedes Mal droht ihm Ärger mit der politischen Führung.

Es entwickelt sich ein erbitterter Machtkampf, bei dem mein Großvater anfangs die Oberhand zu haben scheint. Dann aber wendet sich das Blatt: Drehers Reaktionen werden immer selbstbewusster, offenbar holt er sich die nötige Rückendeckung, um es dem Fried, dem aufmüpfigen Dreckjuden, so richtig zu zeigen.

3.

18. Mai 1935, sechs Tage nach dem 57. Geburtstag meines Großvaters. Die Einweihung des Ulmer Ratskellers wird gefeiert. Kurz nach Mitternacht stoßen meine Großeltern mit ihren Freunden, dem Kaufmann Hermann Albrecht und seiner Frau, zu den Festgästen. Die nicht-jüdischen Albrechts haben keine Scheu, sich mit ihrem jüdischen Freund in der Öffentlichkeit zu zeigen, und auch der Inhaber der Wirtschaft, Gastwirt Kolb, Mitglied der NSDAP seit 1931, hat erstaunlicherweise keine Berührungsängste: Er setzt sich zu den ihm bekannten Eheleuten Albrecht und Fried an den Tisch und unterhält sich mit ihnen.

Kein Wunder also, dass mein Großvater sich sicher fühlt und im Bewusstsein unterwegs ist, noch immer der angesehene Ulmer Bürger zu sein, der er jahrzehntelang war. Natürlich hat Kolb auch seine Parteifreunde eingeladen. Aber vom Nazi-Pöbel hat mein Großvater sich bisher nicht einschüchtern lassen, warum also an diesem Abend?

Am Nebentisch sitzt eine Gruppe Männer, darunter Anton Offenwanger, Kreisbetriebschaftsverwalter der Deutschen Arbeitsfront[14], sowie Balthasar Kumpf, Obersturmführer beim Stab der SA-Standarte[15]. Sie sehen herüber, tuscheln. Offenwanger empört sich lauthals, dass Parteigenosse Kolb bei einem Juden Platz genommen hat. Der Satz »Wie kommst du dazu und sitzt bei einem Juden?« ist aktenkundig. Dann beschimpft er meine Großeltern und ihre Freunde, irgendwann stehen er und sein Nazi-Kumpan auf, nähern sich drohend dem Tisch, greifen Albrecht an. Die Situation eskaliert, die Ehepaare verlassen fluchtartig die Wirtschaft, werden aber von ihren Angreifern verfolgt.

Auf der Straße wird mein Großvater weiter beleidigt, dann schlagen Offenwanger und Kumpf ihn zusammen, bis er verletzt am Boden liegen bleibt.

Am nächsten Tag zeigt mein Großvater, gemeinsam mit Hermann Albrecht, die beiden Schläger an und schaltet erneut die österreichische Vertretung ein. Diesmal zieht die Beschwerde weitere Kreise: Am 6. Juni 1935 wendet sich die österreichische Gesandtschaft Berlin mit einer Beschwerde an das deutsche Auswärtige Amt:

»Der in Ulm [...] wohnhafte Österreichische Staatsangehörige Franz Fried, Gatte der Inhaberin des Schuhhauses ›Pallas‹ ist seit einiger Zeit Anfeindungen gewisser Ulmer Kreise ausgesetzt, die darauf zurückzuführen sind, dass der genannte, der zwar einer christlichen Konfession angehört, Nichtarier ist. Fried lebt bereits seit 50 Jahren in Deutschland und hat eine arische Reichsdeutsche zur Frau. [...] Er ist vor 30 Jahren zum Protestantismus übergetreten und ist politisch und moralisch einwandfrei. Die Anfeindungen begannen bereits 1933 mit der damals einsetzenden Boykottbewegung gegen nicht-arische Geschäftsinhaber. In letzter Zeit erschienen nun im Ulmer Tagblatt vom 15. und 20. April d. J. gehässige Artikel gegen den Genannten und das Schuhhaus ›Pallas‹, das alleiniges Eigentum der Ehegattin des Genannten ist, und in dem Fried als Geschäftsführer tätig ist. [...] Inzwischen ist es auch zu tätlichen Angriffen gegen Fried gekommen. Am Sonnabend des 18. Mai d. J. wurde er im Ulmer Ratskeller von Angehörigen der NSDAP auf gröblichste Weise beschimpft, zu Boden geschlagen und durch Faustschläge verletzt. In Erwiderung auf eine Intervention des Generalkonsulats in München äußert sich Polizeidirektor Dreher in Ulm [...] dahin, dass ›Ausschreitungen gegen ihn (Fried) persönlich sich überhaupt nicht ereignet haben, sondern er in seiner

Eigenschaft als Jude angegriffen worden ist‹. Der genannte Polizeidirektor bemerkt in dem Schreiben auch, ›Dass seine (Frieds) Drohung mit dem Generalkonsulat auf die Behörde keinerlei Eindruck mache, sondern sich im Gegenteil nachteilig für ihn auswirken würde‹. Die österreichische Gesandtschaft beehrt sich, das Auswärtige Amt ergebenst zu bitten, mit tunlichster Beschleunigung bei den zuständigen Behörden dahin vermitteln zu wollen, dass die Verfolgungen gegen den genannten österreichischen Staatsangehörigen eingestellt werden.«

Das in diesem Schreiben zitierte Beispiel dreherscher Interpretationskunst muss man sich auf der Zunge zergehen lassen: Die Prügel hätten ja gar nicht meinem Großvater gegolten, sondern nur *seiner Eigenschaft als Jude*, deshalb solle er den Angriff doch, bitte schön, nicht persönlich nehmen.

Hier zeigt sich das perverse Denken der Nazis, für das es so viele grauenhafte Beispiele gibt und das letztlich in den Holocaust[16] mündete: Den Juden wurde ihr Menschsein abgesprochen, sie wurden entpersonalisiert, ihrer Individualität beraubt – so konnte man sie ohne Gewissensbisse umbringen. Man tötete sie ja nicht als Menschen, sondern *in ihrer Eigenschaft als Juden*. Das konnten sie doch wirklich nicht persönlich nehmen, die Juden!

Am 18. Oktober 1935, auf den Tag fünf Monate nach dem Vorfall im Ratskeller, werden die Ermittlungen eingestellt; der Oberstaatsanwalt verneint ein öffentliches Interesse an der Strafverfolgung der Beschuldigten Offenwanger und Kumpf.

Spätestens jetzt ist meinem Großvater wohl klar geworden, dass er nicht mehr der angesehene Ulmer Bürger Franz Fried ist, sondern nur noch ein Jude, den jeder straflos demütigen, beschimpfen und schlagen darf.

Mein Vater, damals Ende zwanzig, lebt längst in seiner eigenen Wohnung und verkehrt in gänzlich anderen Kreisen als seine Eltern, die Geschäftsleute. Deren Welt ist ihm eher fremd, ihn ziehen Künstler und Intellektuelle an. Er ist ein schwieriger, widersprüchlicher Charakter; aufbrausend und oft drastisch in der Ausdrucksweise, aber auch empfindsam und begierig auf alles Schöngeistige.

Er brennt für Kunst, Dichtung, Literatur, schreibt Tagebücher und Gedichte, kann sich im Anblick eines Madonnenbildnisses verlieren.

Nur um seinen Eltern einen Gefallen zu tun, hat er als Jugendlicher eine Gerberlehre absolviert; sofort nach dem Abschluss geht er jedoch zur Zeitung, schreibt sich (weil er kein Abitur hat) als Gasthörer an der Universität München ein und arbeitet als Lektor und Herausgeber. Er hält Volkshochschulkurse mit Titeln wie »Zeitgeist und Jugend« und »Einführung in die moderne Kunst« und bringt es schon in jungen Jahren zum Theater- und Kunstkritiker der Ulmer Tageszeitungen *Donauwacht* und *Ulmer Schnellpost.*

Ein Talent, das zu den schönsten Hoffnungen berechtigt – bis die Nazis kommen und seiner beginnenden Karriere ein Ende bereiten.

Schon 1931 spürt er zum ersten Mal die Auswirkungen des sich ändernden politischen Klimas und die zunehmende Judenfeindlichkeit: Am 9. November erhält er vom Verlag der *Donauwacht* die Kündigung: »Allgemeine, notwendige Spar- und Abbaumaßnahmen zwingen uns u. a. vom Dezember ab auch auf Ihre Kunstkritiken zu verzichten. Wenn die Zeiten wieder besser werden, werden wir auf Sie zurückkommen.«

Mein Vater schreibt zurück: »Sehr geehrter Herr Direktor! Mit Bedauern las ich Ihren Brief. Aber meine Einsicht geht so weit, daß ich mich Ihnen auch weiterhin zur Verfügung stelle und mich bereit erkläre, die Kritiken über die hiesigen Kunstausstellungen <u>unentgeltlich</u> zu schreiben. […] Die *Donauwacht* soll trotz aller Sparmaßnahmen auf alter Höhe erhalten bleiben. Das ist mein aufrichtiger Wunsch […]«

Natürlich wurde er dennoch nicht weiter beschäftigt, was zeigt, dass die angeblichen Sparmaßnahmen nur vorgeschoben waren.

Im selben Jahr hat mein Vater Kontakt zum *Kampfbund gegen den Faschismus*, einer von der KPD 1930 gegründeten Einheitsfront-Organisation, die auch sozialdemokratisch Gesinnte in ihre Reihen integrieren will. In einem Brief an meinen Vater schreibt ein gewisser Paul Hauser:

»Sehr geehrter Herr Fried […] Daß die Lage in Ulm ziemlich mies ist, ist mir von anderer Seite bereits berichtet worden. Dennoch aber muß es möglich sein, wenigstens bei den Nazis Aufklärungs- bzw. Zersetzungsarbeit zu leisten. Ich werde also gelegentlich doch einmal durch unsere Gruppe versuchen, Anhänger der NSDAP in Diskussionsabende zu bringen. Darüber möchte ich gerne mit Ihnen diskutieren. […] Gerade Ulm muß in nächster Zeit auch vom Kampfbund gegen den Faschismus besonders bearbeitet werden, und ich wäre Ihnen dankbar, wenn Sie mich dabei mit Ratschlägen unterstützen könnten. Inzwischen sendet Ihnen revol. Grüße, Ihr Paul Hauser«.

Es blieb bei revolutionären Grüßen; Ulm war längst an die Nazis verloren.

Am 10. Mai 1933 werden in zahlreichen deutschen Städten, ausgehend von den NS-Studenten an den dortigen Hochschulen, Bücherverbrennungen[17] durchgeführt. Am 15. Juli – mit zwei Monaten »Verspätung« – brennen auch in Ulm die Bücher missliebiger Autoren. Da es in der Stadt keine Universität gibt, organisiert die regionale Hitlerjugend[18] das Spektakel, das im *Ulmer Tagblatt* so angekündigt wird: »Auf dem Münsterplatz findet […] eine Verbrennung von volksfeindlichen Flaggen und volksverderbender Schund- und Schmutzliteratur statt. Die Hitlerjugend hat es sich zur Aufgabe gemacht, alles der heutigen Zeit nicht mehr Angepaßte zu vernichten, um die junge Generation mit einem neuen, edleren Geist zu erfüllen.«

Die Wohnungen der Frieds und das Schuhgeschäft befinden sich in unmittelbarer Nähe, die Vorgänge können ihnen also nicht entgangen sein. War mein Vater dort, um zu beobachten, was passierte? Hielt er sich ein Stück abseits, um nicht als stadtbekannter »jüdischer Mischling« angepöbelt oder gar angegriffen zu werden? Lauschte er den Parolen der aufgehetzten Menge, den Schmährufen gegen die von ihm verehrten Dichter, dem Prasseln der Flammen? Für einen Mann, der Bücher so sehr liebte wie mein Vater (am Ende seines Lebens hatte er 15 000 Bände zusammengetragen), muss dieser Anblick ein Albtraum gewesen sein – und der endgültige Beweis dafür, dass Barbaren an der Macht waren.

Im selben Jahr wird mein Vater aus der »Reichsschrifttumskammer«[19] ausgeschlossen und verliert dadurch seine feste Anstellung beim Verleger Hans Reyhing[20]. Es wird ihm auch verboten, freiberuflich weiter zu publizieren. Möglicherweise schließt dieses Verbot aber jüdische Publikationen nicht mit ein. Im neu gegründeten »Jüdischen Kulturbund«[21] können jüdische Kulturschaffende für ein jüdisches Publikum weiterarbeiten – vielleicht kommt er deshalb auf die Idee, vor dem »Jüdischen Leseverein Ulm« über den Beitrag der Juden zur deutschen Kultur zu sprechen. Das Verbot aus der Polizeidirektion kommt umgehend – von Polizeidirektor Wilhelm Dreher höchstpersönlich begründet:

a) Der Redner Kurt Fried [...] (österreichischer Staatsangehöriger) wird politisch beanstandet, da bei dem Redner auf Grund seines ganzen Verhaltens, auch selbst in der letzten Zeit, nicht anzunehmen ist, daß sein Vortrag im Sinne der Staatsregierung und des Staates gehalten wird.

b) Ebenfalls wird das Thema »Der Einfluß der Juden und Nichtarier auf die deutsche Kulturverbreitung« beanstandet, da dieses Thema geneigt ist, als ob Nichtarier und Juden wirklich deutsche Kultur hätten verbreiten können. Tatsache ist, daß Juden, sobald Deutschland verlassen hatten, nicht deutsche Kultur verbreiten, sondern sie im Ausland durch den Schmutz gezogen haben …

Mein Vater hatte – wie mein Großvater – kein ausgeprägtes Verhältnis zum Judentum, war aber ein ausgesprochener Bewunderer jüdischer Kultur und Literatur. Das von ihm gewählte Vortragsthema muss unter den gegebenen Umständen als gezielte Provokation angesehen werden; vielleicht wollte er ausloten, was noch möglich war.

Typen wie Dreher – primitiv, autoritätshörig und machtgierig – waren meinem Vater zeitlebens zutiefst zuwider. Aber auch Dreher musste sich durch das intellektuelle und spitzzüngige Auftreten meines Vaters herausgefordert fühlen. Am geschraubten Stil seiner Verbotsbegründung kann man erkennen, wie er versucht, es ihm gleichzutun. Allerdings vergebens, unübersehbar kämpft er mit Wortfindung und Grammatik. So unbeholfen sie formuliert ist, lässt die Begründung doch keinen Zweifel daran, dass Dreher meinen Vater für einen Staatsfeind hielt. Es muss ihn schwer gefuchst haben, dass dieser »jüdische Mischling«, den zu verachten er gelernt hatte, ihm an Kultur und Bildung dermaßen überlegen war. Umso mehr hat er es sicher genossen, meinen Vater seine Macht spüren zu lassen.

Jahre später, im Juli 1942, beschreibt mein Vater in seinem Tagebuch folgende Szene: »Gegen 11 Uhr nachts, ich lag im Bett und las Balzac, wurde ich durch einen Schutzmann herausgeklopft. Im Haus sei mangelhaft verdunkelt. Ich ließ ihn den fälligen Strafzettel an meinem Schreibtisch ausfertigen. Er war starr über meine Bücherei und ließ sich zunächst des Langen und Breiten über ihren mutmaßlichen Wert aus. Dann kam die Frage, ob ich alles schon gelesen habe und wie man sich das merken könne. Nachdem ich ihm einige besonders schöne Bücher gezeigt hatte, spürte ich deutlich ein Gefühl von Neid, Respekt und Unbehagen bei ihm. Der Geist wurde ihm unheimlich, das geschieht immer dann, wenn einfache Menschen sich über die Materie zu erheben versuchen. Hernach kommen dann gerne die vergifteten Pfeile.«

Das klingt so, als habe mein Vater dabei an seine Erfahrungen mit Dreher und anderen Typen dieses Schlages gedacht.

4.

Es gibt in den 1930er-Jahren in Ulm den »Tapp-Club«, eine Gruppe von Nazi-Gegnern, Künstlern und Intellektuellen – darunter auch der später berühmte Künstler HAP Grieshaber.

Klara Geyer, die Frau des Tapp-Club-Gründers und Kunstmalers Wilhelm Geyer, erinnert sich 1988: »So trafen sich allmählich alte und neue gleichgesinnte Freunde jeden Donnerstag in Neu-Ulm im Löwenbräukeller. Man tappte (spielte Karten), und wer's

Eduard Waldraff, »Der Künstler malt seine Freunde« (Ölgemälde 1929), Ulmer Museum. Links im Bild mein Vater mit seiner Verlobten Else Gotsmann, in der Mitte Klara und Wilhelm Geyer

nicht konnte, musste es eben lernen. Der Kreis wurde größer und nahm festere Formen an. Er wuchs, und es entstand daraus der ›Tapp-Club deutsche Eiche‹, ein schöner Deckname, wer wollte da nicht schmunzeln …«[22]

Dem Bericht eines Mitglieds zufolge schob bei den Treffen ein SS-Mann[23] Wache, offenbar ein »Schein-Nazi«, denn er ließ die Widerständler nicht auffliegen.

Auch mein Vater schließt sich dem Tapp-Club an. Mit Wilhelm Geyer (dessen Malerei von den Nazis heftig bekämpft wird) verbindet ihn eine besondere Freundschaft; so stand er dem Maler bei minus 20° Modell für den Christus in einem Passionsbild, und bei der heimlichen Herstellung der Grafiken drehte er die Kurbel der Steindruckpresse. 1935 gelingt es meinem Vater sogar, eine positive Besprechung eines Geyer-Bildes in den *Ulmer Sturm* zu schmuggeln – ein Streich, wie er typisch ist für die subversiven Aktionen der Tapp-Club-Mitglieder. In einer Faschingszeitung von 1937 montiert Geyer den Kopf des Polizeipräsidenten (und leidenschaftlichen Reiters) Wilhelm Dreher auf ein Reiterstandbild, das beim Brand des Alten Schlosses in Stuttgart unversehrt blieb, und verlegt es in den Hof des Neuen Baus in Ulm, in dem die Polizeidirektion untergebracht ist.

Neben den wöchentlichen Treffen im Löwenbräukeller machen die Tapp-Club-Mitglieder Ausflüge in die Umgebung, sprechen über Tagespolitik ebenso wie über weltanschaulich-philosophische Fragen und genießen die Gewissheit, unter Freunden zu sein.

Auf einer Parteiversammlung der NSDAP 1936 empört sich der Kreisleiter Ulm, Eugen Maier, dass der Maler Wilhelm Geyer es immer noch wage, öffentlich mit meinem Vater zu verkehren. Das tut der Freundschaft der beiden Männer keinen Abbruch – im Gegenteil, die Verfolgung durch die Nazis, die beide erleiden müssen, stärkt nur ihren Zusammenhalt.

Nach Kriegsbeginn werden manche Mitglieder des Tapp-Clubs

zum Militär einberufen, andere kommen in Lager oder zur Zwangsarbeit, aber man hält den Kontakt durch Briefe und Karten, oft ergänzt mit kleinen Zeichnungen im Stil von Bilderrätseln.

1943 gerät Wilhelm Geyer in eine lebensbedrohliche Lage. Außer in Ulm hat er auch ein Atelier in München, in dem er zeitweise arbeitet. Was er nicht ahnt: Im Keller drucken seine Ulmer Freunde Hans und Sophie Scholl die Flugblätter der Widerstandsbewegung »Weiße Rose«[24]. Bei seiner Verhaftung trägt Hans Scholl den Atelierschlüssel bei sich – und die Raucherkarte von Klara Geyer, die sie ihm zur Verfügung gestellt hat, damit er für sich und Sophie zusätzliche Zigaretten beziehen kann – sie selbst raucht nicht. Unglücklicherweise steht auf der Karte die Adresse der Familie Geyer in Ulm. Fünf Tage später erhält Wilhelm Geyer eine Vorladung zur Gestapo[25], wo ihm mitgeteilt wird, dass seine Freunde am Vortag hingerichtet worden seien. »Und für Sie sieht es auch schlecht aus«, fügt der Beamte hinzu.

Es folgt Verhör auf Verhör, man will nicht glauben, dass er von den Aktivitäten der Scholls nichts gewusst hat, und sperrt ihn schließlich ein. Geyer ist verheiratet und hat sechs Kinder, das jüngste gerade ein halbes Jahr alt.

Einmal darf seine Frau Klara ihn besuchen, trifft ihn in einer Gefängniskluft an, die außer ihm nur noch ein anderer, bereits zum Tode verurteilter Häftling, trägt. »Ihr Mann ist ein Todeskandidat«, flüstert der Aufseher.

Durch einen glücklichen Zufall wird Geyers Fall am 13. Juli 1943 vor einem Sondergericht verhandelt statt vor dem »Volksgerichtshof«[26] mit seinem berüchtigten Ankläger Freisler[27]. Eine Zeugin, die Geyer und andere schwer belastet hat, widerruft.

Das Urteil: Freispruch aus Mangel an Beweisen.

Zwei angeklagte Mitglieder der »Weißen Rose«, Professor Kurt Huber und Alexander Schmorell, werden am Nachmittag desselben Tages hingerichtet.

4. September 1935. Meiner Großmutter wird untersagt, in einem Schaufensteraushang ihr Geschäft als »rein arisch« zu bezeichnen – das sei Kundentäuschung.

15. September 1935. Die Nürnberger Gesetze, das »Reichsbürgergesetz« und das »Gesetz zum Schutze des deutschen Blutes und der deutschen Ehre«, treten in Kraft. »Nichtarier« sind nun Staatsbürger ohne politische Rechte. Die Eheschließung zwischen Juden und »Ariern« wird verboten, nicht einmal außerehelich dürfen sie mehr miteinander verkehren.

Im Oktober 1935 beschwert sich meine Großmutter beim württembergischen Innenminister und beim Reichs- und Preußischen Minister des Inneren wegen der Boykottaufrufe gegen das Schuhhaus

Pallas und der Weigerung der Tageszeitungen, ihre Inserate abzudrucken.

Die Polizeidirektion Ulm gibt dazu kühl die Auskunft, »eine Behinderung in der Kundenwerbung durch unzulässige Mittel hat bisher nicht stattgefunden. [...] Obgleich Frau Fried Inhaberin des Geschäfts ist, ist doch ihr Mann (der jüdischer Abstammung ist) maßgeblich in ihrem Geschäft tätig. Frau Fried ist der Meinung, ihr Geschäft als ›rein arisch‹ bezeichnen zu dürfen; sie hatte auch eine diesbezügliche Erklärung in ihrem Schaufenster ausgehängt. Solche plumpe Tarnung würde aber unweigerlich Unruhe unter der Bevölkerung hervorrufen, denn jedermann hat ein Anrecht darauf, zu wissen, ob er in einem arischen Geschäft kauft. Das Geschäft einer Frau, deren Mann Jude ist, wird aber nicht als rein arisch angesehen. Es wurde daher der Frau Fried am 4.9.35 das weitere Belassen der Erklärung in ihrem Schaufenster untersagt. [...] Die Firma Schuhhaus ›Pallas‹ scheint es sich zur Geschäftspraxis gemacht zu haben, bei den nichtigsten Anlässen durch Inanspruchnahme der Österreichischen Gesandtschaft einen unzulässigen Druck denjenigen Stellen und Behörden gegenüber auszuüben, welche sich durch gerechtfertigte Maßnahmen im Gegensatz zu ihr gestellt haben.«

Ein Geschäft, dessen Inhaberin mit einem Juden verheiratet ist, ist also kein »arisches« Geschäft, auch dann nicht, wenn die Inhaberin selbst »Arierin« ist?

Ob die Nazis auch das Hutgeschäft einer Deutschen, die mit einem Italiener verheiratet ist, als »italienisches Hutgeschäft« bezeichnet hätten?

In dieser grotesken Begründung ist die Vorstellung spürbar, das Jüdische sei gewissermaßen für andere ansteckend und könne sogar ein Geschäft verunreinigen.

Was für eine verzweiflungsvolle Situation: Meine Großeltern sind – um wirtschaftlich zu überleben – gezwungen, alles zu tun, um die formalen Anforderungen an ein »arisches« Geschäft zu erfüllen. Je konsequenter sie diese Anforderungen erfüllen, desto mehr werten die Nazis das als Beweis, dass es sich beim Schuhhaus Pallas um ein jüdisches Geschäft handle, das als »arisch« getarnt werden solle.

1936 schrieb mein Vater dieses Gedicht:

> Das Schwert des Geistes blank zu halten
> Ist dieser dunklen Tage Pflicht.
> Kein Kerker ist so ohne Licht,
> Daß Bild und Sehnen muß erkalten.
>
> Wenn frevle Hände maßlos schalten,
> Bewegen sie das Ew'ge nicht.
> Des Tages federleicht Gewicht
> Erdrückt doch nicht das große Walten.
>
> Das Ohr, der Erde angepreßt,
> Läßt schon das tiefe Grollen hören,
> Das an die hohlen Mauern schlägt.
>
> Das ist des wahren Volkes Fest,
> Wenn es nach dumpfem Sichbetören
> Die Fahne des Erwachens trägt.

Nach seinem Ausschluss aus der »Reichsschrifttumskammer« arbeitet mein Vater im Schuhhaus seiner Eltern mit – gewiss nicht das, wovon er mal geträumt hat. Es gibt kaum jemanden, der weniger für diese Tätigkeit geeignet gewesen wäre – fürs Geschäftliche hat er überhaupt keinen Sinn.

Ich erinnere mich noch gut an sein irrationales Verhältnis zum Geld, das er mit vollen Händen für Kunstwerke ausgab, während er bei Kleinigkeiten höchst knauserig sein konnte. Er trug nie Bargeld bei sich, sondern ließ die Rechnung für Einkäufe an seine Sekretärin schicken, die sie dann diskret beglich.

Für den Handel mit Schuhen interessiert mein Vater sich als junger Mann so wenig wie für jedes andere Gewerbe, und ich kann ihn mir beim besten Willen weder beim Verkaufen von Damenpumps oder Schnürstiefeln vorstellen noch beim Ordern der neuen Herbst-Kollektion oder beim Kontrollieren der Geschäftsbuchhaltung – obwohl er sich bestimmt bemüht hat, seine Aufgabe so gut wie möglich zu erfüllen.

Sich mit Sprache und Literatur zu befassen, sich anderen mitzuteilen – darin liegt die Leidenschaft meines Vaters, und so leidet er sehr unter seinem Berufsverbot.

Er beantragt die Wiederaufnahme in die »Reichsschrifttumskammer« und wird abgelehnt. Er will Mitglied bei der »Deutschen Arbeitsfront« werden – vielleicht in der Hoffnung, dort im Kulturbereich publizieren zu können – und wird ebenfalls abgelehnt.

Daraufhin schreibt er an die österreichische Gesandtschaft – er ist ja, wie mein Großvater, österreichischer Staatsbürger. Die setzt sich bei den deutschen Behörden für ihn ein, erhält aber keine Antwort, was meinem Vater in einem Schreiben vom 17. Februar 1936 mitgeteilt wird. Darin bestätigt man ihm, dass auch »jüdische Mischlinge« in die DAF aufgenommen werden müssten sowie Ausländer für die Dauer ihres Aufenthalts im Deutschen Reich, folglich auch »ausländische jüdische Mischlinge« wie er.

Jahre später erreicht er seine Aufnahme in die DAF doch noch: Am 1. April 1940 – zu einem Zeitpunkt, als kaum noch jemand sich der »freiwilligen« Mitgliedschaft entziehen kann – darf auch er eintreten. In seinem Mitgliedsbuch sind fein säuberlich die Beitragsmarken bis August 1944 eingeklebt. Anfangs kostete ein Monatsbeitrag noch 1,80 Reichsmark, am Ende dann schon 5,40. Insgesamt 325,80 Reichsmark hat ihn seine über vierjährige Mitgliedschaft gekostet.

Vorn in dem kleinen roten Büchlein steht: »Es mag einer tätig sein, wo immer er soll, er darf nie vergessen, dass die Nation nur lebt durch die Arbeit aller. Adolf Hitler.« Und hinten: »Jedes Mitglied der Deutschen Arbeitsfront liest folgende Zeitungen: Der Angriff, Völkischer Beobachter, Arbeitertum, Der Aufbau.«

Bei aller äußeren Anpassung: So weit, dass er die komplette Nazi-Presse gelesen hätte, ist mein Vater wohl nicht gegangen.

Schon seit Ende der Zwanzigerjahre ist mein Vater mit Else Gotsmann liiert, einer attraktiven Kunstgeschichtsstudentin, die ihn zu den Treffen des Tapp-Clubs begleitet. In seinem Brief an die österreichische Gesandtschaft erkundigt sich mein Vater auch, ob er nach dem Gesetz eine deutsche »Arierin« heiraten könne. Zwar wird ihm mitgeteilt, dass »ausländischen jüdischen Mischlingen« eine Heirat mit einer »Arierin« nicht ausdrücklich verboten sei, trotzdem zögert er, den Schritt zu tun – vermutlich, weil er seine Verlobte nicht in Schwierigkeiten bringen will.

1936, nach drei Jahren des erzwungenen Schweigens, ist sein Hunger nach kreativer Betätigung so groß, dass er alle Bedenken über Bord wirft und einen – für ihn und Else – riskanten Plan entwickelt. Er bietet dem Berliner Gustav Kiepenheuer Verlag an, drei Auswahlbände herauszugeben: Humoristisches von Adolf Glaßbrenner[28], Briefe und Gedichte von Philipp Otto Runge[29] und eine Sammlung von Briefen zum Thema Liebe und Freundschaft[30] – alle unter dem Namen seiner Verlobten. Das Angebot wird – wohl zu seiner eigenen Überraschung – angenommen, die Bücher können erscheinen. Ein kleiner Sieg.

Else Gotsmann, die langjährige Verlobte und erste Frau meines Vaters.
Sie rettete seine Bücher.

Aber die Freude währt nicht lange: Mein Vater wird bei der Gestapo denunziert, von wem, ist nicht festzustellen. Sein Berufsverbot wird verschärft, ihm wird jede schriftstellerische Arbeit untersagt. Nicht einmal Werbesprüche fürs Schuhhaus Pallas dürfte er mehr verfassen. Nach diesem Vorfall kann er sich der besonderen Aufmerksamkeit der Behörden sicher sein, die fortan genau beobachten, was er tut.

Else Gotsmann hält in dieser ganzen Zeit treu zu meinem Vater. Gegen Kriegsende, als er im KZ ist, rettet sie seine damals schon stattliche Bibliothek vor den Fliegerangriffen. Nach dem Krieg leiht sie ihm Geld für seinen Einstieg bei der *Schwäbischen Donau Zeitung*. Schließlich heiraten die beiden und bekommen eine Tochter, Rose Cornelie (geb. 1946). Die Ehe wird 1951 geschieden.

5.

1937. Für meinen Großvater wird die Situation immer schwieriger. Die ständigen Verunglimpfungen, die Schikanen der Behörden, das Gefühl der Perspektivlosigkeit und Bedrohung zerren an seinen Nerven.

Eines Tages glaubt er, die Lösung für all seine Probleme gefunden zu haben:

Bei einer seiner Reisen nach Österreich lernt er den deutschen Kaufmann Karl Schmauz, einen begeisterten Nazi, kennen, der in Graz eine kaufmännische Auskunftei (heute würde man sagen: Wirtschaftsdetektei) betreibt. Schmauz ist Landesleiter des »Bundes der Reichsdeutschen«[31] in der Steiermark und fühlt sich in Österreich wegen seiner nationalsozialistischen Gesinnung politisch verfolgt. Er berichtet von ständigen Hausdurchsuchungen, einer dreimonatigen Haftstrafe für seine 19-jährige Tochter wegen Verbreitung eines verbotenen Liedtextes und Ausweisungsdrohungen.

Die beiden ungleichen Partner kommen auf eine ebenso einfache wie geniale Idee: Sie wollen einen Geschäftstausch vollziehen. Der in Deutschland verfolgte Jude Franz Fried plant, die Auskunftei in Graz zu übernehmen und mit seiner Familie nach Österreich überzusiedeln, Karl Schmauz will mit seiner Familie heim ins Reich und in Ulm zukünftig das Schuhhaus Pallas betreiben. Die Tatsache, dass Schmauz keine Ahnung vom Schuhgeschäft hat, soll dadurch kompensiert werden, dass er Lotte Müller, eine langjährige Angestellte meines Großvaters, als Gewerbeträgerin übernimmt. Als alles besprochen und vorbereitet ist, stellt Schmauz am 29. September 1937 beim Württembergischen Oberamt den Antrag auf Gewerbegenehmigung in Ulm.

Eine völlig neue Perspektive für die Frieds tut sich mit einem Mal auf, eine sichere wirtschaftliche Existenz, ein Leben ohne Anfeindungen. Für meinen Vater die Möglichkeit zu schreiben; für seine Schwester Anneliese, die ein Jahr zuvor die Handelsschule abgeschlossen hat, die Aussicht auf eine Anstellung außerhalb des Familienbetriebs.

Aber würden die Behörden meinen Großvater, den Juden Franz Fried, der ihnen so viel Ärger gemacht hat, ziehen lassen? Oder würde jemand wie Dreher die Gelegenheit zur Rache nutzen und den Plan vereiteln?

Fast drei Wochen dauert die Ungewissheit, dann teilt die Polizeidirektion Ulm der Industrie- und Handelskammer mit, dass »keine Bedenken« gegen die Übernahme des Schuhhauses Pallas durch Schmauz bestünden. Dem in Österreich angeblich verfolgten Gesinnungsgenossen wird also die Tür ins Reich geöffnet – die jüdischen Stören-Frieds sollen gehen, wohin sie wollen – wahrscheinlich ist man froh, sie endlich los zu sein.

Man kann sich die mit diesem Bescheid einsetzende Betriebsamkeit in der Familie Fried vorstellen, das Ausmisten, Packen, Organisieren und Planen; den Abschied von Freunden, die Hoffnung auf ein besseres Leben.

Doch bald ist der Traum ausgeträumt.

Am 12. Februar 1938 wird Schmauz in Graz verhaftet. Angeblich hat er Geheimerlasse der österreichischen Regierung an deutsche Stellen weitergegeben. Außerdem ist seine Tochter als Führerin des in Österreich verbotenen »Bundes deutscher Mädchen« (BDM)[32] enttarnt. Der Staatsanwalt fordert zwei Jahre schweren Kerker für Schmauz.

Alle Hoffnung dahin, der wagemutige Versuch des Neubeginns gescheitert.

Mein Großvater versucht einen letzten Trick und behauptet, der Geschäftstausch sei bereits seit dem 1. Januar 1938 vollzogen. Damit schützt er zwar die Auskunftei vor dem Zugriff der österreichischen Behörden, aber sein schöner Plan ist sowieso hinfällig: Nazi-Deutschland verleibt sich Österreich ein – aus zwei Ländern wird eines. Der »Anschluss«[33] wird von der österreichischen Bevölkerung begeistert aufgenommen – mein Vater ist in Graz dabei, als die Menge den neuen Machthabern frenetisch entgegenjubelt.

Es gibt eine Amnestie für in Österreich inhaftierte Nazis – auch Schmauz kommt frei. Nun besteht kein Grund mehr für ihn, nach Ulm überzusiedeln. Am 31. März 1938 zieht er seinen Antrag zurück.

Scheinheilig begründet er diesen Schritt damit, dass er es nicht verantworten könne, einen jüdischen Geschäftsmann von Ulm nach Graz ziehen zu lassen und dort in den Ruin zu treiben.

9. November 1938. Die Polizeidirektion Ulm erlässt ein Ausgehverbot für alle Juden. In der im Volksmund sarkastisch und verharmlosend zugleich als »Reichskristallnacht«[34] bezeichneten Pogromnacht wird – wie an unzähligen Orten in Deutschland – auch in Ulm die Synagoge in Brand gesteckt, die SA holt jüdische Bürger aus dem Bett und treibt sie am Weinhof zusammen, wo sie aufs Übelste misshandelt werden. Am schlimmsten wird der damalige Rabbiner Dr. Julius Cohn verletzt; er liegt anschließend fast einen Monat im Krankenhaus. 56 Juden kommen in »Schutzhaft«[35] und werden ins KZ Dachau[36] überstellt, wo zwei von ihnen sterben. Das *Ulmer Tagblatt* schreibt am 11. November 1938: »Wenn auch die Entjudung Ulms seit der Machtübernahme große Fortschritte gemacht hat, so wollen wir durch unsere Disziplin dazu beitragen, daß das restliche jüdische Pack noch rascher unserer Stadt den Rücken kehrt.«

In dieser Atmosphäre ständig wachsender Bedrohung zeichnet sich für die Frieds, wie für alle jüdischen Geschäftsinhaber im »Deutschen Reich«, eine weitere Katastrophe ab: Mit Beginn des Jahres 1939 soll die »Verordnung zur Ausschaltung von Juden aus dem deutschen Wirtschaftsleben« in Kraft treten, der endgültige Verlust des Schuhgeschäfts, von dem die ganze Familie lebt, steht bevor.

Da »jüdische Mischlinge« von der Verordnung nicht betroffen sein sollen, beschließen meine Großeltern, das Geschäft an meinen Vater zu übergeben. Ein scheinbar widersprüchlicher Vorgang, da ja schon die Überschreibung auf meine »arische« Großmutter nicht den gewünschten Effekt erzielt hat und das Schuhhaus von den Behörden weiter stur als jüdisch bezeichnet wird. Nichtsdestotrotz hoffen sie, diesmal das Richtige zu tun.

Am 30. November 1938 wird ein Geschäftsübergabe-Vertrag aufgesetzt, in dem die Einzelheiten der geplanten Überschreibung geregelt werden. Der Übernahmepreis wird mit 30 000 Reichsmark festgesetzt, die mein Vater meiner Großmutter bis zur Höhe von 20 000 Reichsmark mit einer lebenslangen Unterhaltsrente von monatlich 150 Reichsmark zu bezahlen hat. 5000 Reichsmark darf er als sogenanntes Muttergut (eine Art Schenkung) abziehen, der Rest wird mit einem Darlehen verrechnet, das Anneliese, seine Schwester, als Ausstattung für eine mögliche Eheschließung erhalten hat und das mein Vater verzinsen und irgendwann zurückzahlen muss.

Mit der Abwicklung beauftragen meine Großeltern Wirtschaftstreuhänder Robert Scholl, einen Bekannten der Familie. Der Vater der Geschwister Scholl ist bekannt für sein Engagement und seine Vertrauenswürdigkeit, und natürlich ist er ein ausgewiesener Nazi-Gegner.

Es fehlt nur noch die Genehmigung durch die Behörden.

Am 6. Dezember 1938 teilt der Polizeidirektor in Ulm meiner Großmutter in einem Schreiben mit, dass er »die Eintragung Ihres

Gewerbebetriebes in das Verzeichnis der jüdischen Gewerbebetriebe verfügt« habe. Soll heißen: Im Handstreich wird das Schuhhaus Pallas – trotz im Handelsregister eingetragener »arischer« Inhaberin – nun auch offiziell zum jüdischen Betrieb erklärt. Sollte die Übertragung an meinen Vater nicht genehmigt werden, bedeutet dies das sichere Aus für das Schuhhaus Pallas.

Treuhänder Scholl setzt sich ein, so gut er kann. Am 8. Dezember 1938 schreibt er an den zuständigen Landrat: »Ein Antrag um die nach den Nürnberger Gesetzen entspringenden besonderen Vorschriften erforderliche Genehmigung zur Übertragung des Unternehmens von der Mutter auf den Sohn läuft bereits über die Kreisleitung Ulm und die Gauleitung Württemberg an das Wirtschaftsministerium. Ich bitte aber das Verfahren [...] möglichst zu beschleunigen, weil andernfalls das Unternehmen am 31.12.38 aufhören müßte.«

Für den Antrag auf Übernahme des Geschäfts verfasst mein Vater folgenden Lebenslauf:

Ulm, den 30. November 1938

Lebenslauf

Ich bin geboren am 30. März 1906 in Aschersleben im Harz, Kreis Magdeburg als Sohn des Kaufmanns Franz Fried und seiner Ehefrau Martha Fried geb. Hoffmann. Mein Vater gehört zwar seit 35 Jahren der evangelischen Kirche an, ist aber jüdischer Rasse. Meine Mutter ist arischer Abstammung. Ich bin daher Mischling 1. Grades und Reichsbürger.
[...]
1927 kam ich als Lokalberichterstatter an die »Ulmer Abendpost«. Von dieser holte mich der Schriftsteller Hans Reyhing im Jahr 1929 auf das Büro des Volksbildungsvereins Ulm. In dieser

Zeit leitete ich auch die Vortragsreihe der Volkshochschule
»Zeitgeist und Jugend«, bei welcher auch Herr Stadtpfarrer
Griesinger und ein Nationalsozialist aus Geislingen Vorträge
hielten. [...]
Bis zum Anschluß der Ostmark[38] war ich österreichischer
Staatsbürger. Als solcher hielt ich mich vom Parteileben fern.
Nach dem Anschluß der Ostmark, den ich in Graz begeistert
miterlebte (wofür ich mich auf den ehemaligen Landesleiter
Steiermark des Bundes der Reichsdeutschen, Herrn Karl
Schmauz in Graz berufe) und nachdem die Nürnberger Gesetze
meine Stellung im Reich geregelt hatten, meldete ich mich bei
der NSU[39] an und wurde Mitglied der DAF, beteiligte mich
pflichtgemäß an der Wahl und meldete mich in den kritischen
Septembertagen[40] sofort als Freiwilliger beim Wehrbezirkskommando Ulm. Inzwischen habe ich meinen Wehrpaß erhalten
und wurde ab Februar 1939 zu einer dreimonatigen Übung im
Ergänzungs-Bataillon Tübingen bestimmt.

Kurt Fried

Es tut weh, das zu lesen. Mein aufrechter Vater, der später nie mehr vor Behörden gekuscht oder sich falschen Autoritäten unterworfen hat, den ich immer nur streitlustig und kämpferisch erlebt habe, verhält sich dermaßen heuchlerisch.

Schreibt in angepasster Nazi-Terminologie von der »jüdischen Rasse« seines Vaters, der »arischen« Abstammung seiner Mutter, seinem Status als »jüdischem Mischling 1. Grades«. Er schmückt sich mit der Gesellschaft von Leuten, deren Gesinnung sozusagen auf ihn abfärben soll – bis hin zu »einem Nationalsozialisten aus Geislingen«. Er hat den »Anschluss« angeblich begeistert erlebt und führt als Zeugen ausgerechnet den Mann an, mit dessen Hilfe er und seine Eltern noch kurz zuvor Deutschland verlassen wollten. Er geht brav zur Wahl, meldet sich überall freiwillig, wo man ihn nimmt, und wird keinen Moment zögern, wenn es für sein Vaterland kritisch wird, es mit Leib und Leben zu verteidigen.

Ein Akt der Selbstverleugnung, aus der Not geboren. Wahrscheinlich hat er sich selbst für seine Anbiederei gehasst – und sie später, so gut wie möglich, verdrängt.

Aber es muss ihm bewusst gewesen sein, dass er sich nicht immer heldenhaft verhalten hat, denn viele Jahre später sagte er zu meiner Mutter: »Wer woiß, vielleicht wär i unter andre Umständ sogar a ganz guter Nazi gworda.«

Diese Äußerung klingt im ersten Moment schockierend, aber in Wahrheit ist sie von entwaffnender Ehrlichkeit. Denn wer könnte mit Gewissheit von sich sagen, wie er sich unter Druck verhalten würde? Wer taugt schon zum Helden?

Es schmerzt mich, dass mein Vater glaubte, sich so verbiegen zu müssen – verurteilen kann ich ihn dafür nicht.

Aber es nutzt alles nichts. Weder die wundersame Wandlung meines Vaters zum großen Vaterlandsverteidiger noch die Intervention von Robert Scholl führen zum gewünschten Ergebnis. Die Geschäftsübertragung wird nicht genehmigt.

Am 1. Januar 1939 tritt die erwartete Verordnung in Kraft, in der Juden untersagt wird, ein Geschäft oder einen Handwerksbetrieb zu führen.

Am selben Tag wird die »Kennkarte für Juden«[41] eingeführt. Schon seit dem August des Vorjahres müssen Juden den zusätzlichen Namen »Israel« bzw. »Sara« zwischen Vor- und Nachnamen in ihre Unterschrift einfügen.

Am 2. Januar 1939 soll mein Großvater Franz Fried seine Kennkarte mit »Israel« unterschreiben – und weigert sich. Auch auf mehrmalige Aufforderung hin bleibt er stur. Jetzt, wo er vor dem

Nichts steht, man ihm und seiner Familie die Existenz nehmen will, soll er vor den Nazis kuschen? Nicht mit ihm.

Auf diesen Moment haben seine Widersacher gewartet: Mein Großvater wird sofort von der Gestapo verhaftet und ins Ulmer Griesbadgefängnis, ein Polizeigefängnis für Untersuchungshäftlinge, gebracht.

Es muss ein Triumph für Polizeidirektor Dreher gewesen sein. Endlich hat der Mann, den er einfach nicht kleinkriegen konnte, einen entscheidenden Fehler gemacht! Endlich haben sie etwas gegen ihn in der Hand!

Am folgenden Tag wird Franz Fried wegen »Ungebühr« zu einer dreitägigen Haftstrafe verurteilt und danach in »Schutzhaft« genommen. Er kommt in das von den Nazis als »Schutzhaftlager« bezeichnete Welzheim[42] – in Wirklichkeit handelt es sich um ein KZ.

Kommandant in Welzheim ist Karl Buck, der von 1933 bis 1935

```
        Der Polizeidirektor                    Ulm, den 26.4.1939.
           Meldeamt

        An den Herrn                          Polizeipräsidium
        Polizeipräsidenten-Einwohnermeldeamt      München
        in München.                            27. APR. 1939

        Betr. Rückmeldung
        Anl. 1

              Franz, Friedrich, Israel F r i e d, geb. am 12.5.1878
        in Zolynia in Polen, wurde wegen Ungebühr auf Grund des Art:3
        des Polizeistrafverfügungsgesetzes v.12.8.1879/4.7.1898 zu der
        Haftstrafe v. 3 Tagen verurteilt.
              Fried weigerte sich mit dem ihm gebührenden Zusatznamen
        "Israel" ein behördliches Schreiben zu unterzeichnen.
              Nach Verbüssung der Haftstrafe wurde Fried in Schutzhaft
        genommen.

        I. Vorgemerkt.
        II. Zum Personalakt.                              
        München, den _____ 1939                      Pol. Obersekretär.
           Polizeipräsidium

        Staatsarchiv München
        Pol. Dir. München
        12.476
```

bereits dem Ulmer KZ Oberer Kuhberg vorstand. Buck ist der typische Schreibtischtäter. Einbeinig, kurzsichtig, aus Eitelkeit keine Brille tragend, mit Stirnlocke und Schnauzer Hitler imitierend – eine lächerliche Gestalt, aber gefährlich.

In der Schreinerei wirtschaften die Aufseher in die eigene Tasche, Häftlinge werden gegen gutes Geld oder Naturalien an Bauern »vermietet«.

Für die meisten Häftlinge ist Welzheim das Durchgangslager nach Dachau. Ein ehemaliger Häftling antwortet auf die Frage, ob es Folterkammern im Lager gegeben hätte: »Das ganze KZ war eine Folterkammer.«

Aber noch ein weiteres bedrohliches Ereignis bahnt sich an, das bereits in den letzten Wochen des Jahres 1938 seinen Anfang genommen hat.

Der Österreichplan der Frieds ist gescheitert, die Familie hat die Enteignung vor Augen. Krisenstimmung. Man überlegt fieberhaft, fasst Pläne, verwirft sie wieder. Was, wenn die erstrebte Geschäftsübertragung nicht genehmigt wird? Es muss einen Plan B geben.

Irgendwann macht mein Vater meinem Großvater einen Vorschlag: Er solle sich doch von der Mutter scheiden lassen. Pro forma nur. Vielleicht lassen sie dann endlich das Geschäft in Ruhe, und der Druck auf die anderen Familienangehörigen lässt nach. Dass mein Großvater durch diesen Schritt erst recht der Verfolgung preisgegeben würde, konnten oder wollten die Mitglieder der Familie damals offenbar nicht sehen.

Die Ehe meiner Großeltern ist nach der Definition der Nazis eine sogenannte privilegierte Mischehe, die den jüdischen Ehepartner bis zu einem gewissen Grad schützt. Rassistisch begründete Schikanen hat mein Großvater bis dahin bereits zuhauf erlebt, aber anders als Juden ohne »arischen« Ehepartner ist er zum Beispiel in der »Reichskristallnacht« nicht gewaltsam aus seiner Wohnung geholt und in ein KZ verbracht worden.

Von meinem Großvater die Scheidung zu verlangen bedeutet, ihm für die Zukunft den Schutz vor den brutalen Übergriffen der Nazis zu nehmen.

Auch wenn Ende 1938 die systematische Vernichtung der Juden noch nicht abzusehen ist, weiß man doch schon von grauenhaften Zuständen und Toten in den Konzentrationslagern. Und von der Einlieferung in ein KZ wäre er spätestens ab dem Zeitpunkt der Scheidung akut bedroht.

Es ist nicht auszuschließen, dass die Behörden meiner Großmutter gegenüber angedeutet haben, eine Scheidung könnte ihre Situation verbessern – viele mit jüdischen Partnern verheiratete »Arier« wurden damals zur Scheidung gedrängt. Dass es aber mein Vater war, der letztlich den Vorschlag machte – daran erinnerte sich meine Tante Anneliese genau.

Wie meine Großeltern darauf reagiert haben, ob Anneliese in die Überlegungen mit einbezogen wurde, wer was dazu gedacht und gesagt hat, darüber hat sie nichts erzählt. Sicher ist nur, dass dieser Vorgang den endgültigen Bruch zwischen meinem Vater und meinem Großvater markiert und die beiden danach nie mehr ungezwungen miteinander umgehen konnten.

Als mein Großvater am 2. Januar 1939 vor einem Nazi-Bürokraten sitzt, der von ihm verlangt, »Franz Israel Fried« zu schreiben, ist die Scheidung bereits eingereicht. Nicht nur sein wirtschaftliches Überleben, nein, seine ganze Existenz ist nun bedroht. Trotzdem gibt er nicht klein bei. Jetzt erst recht nicht.

Am 5. Januar 1939 schreibt meine Großmutter an das Oberamt Ulm, betreffend »Anerkennung als Deutsches Geschäft«. In dem Brief heißt es:

> Ich ersuche um Kenntnisnahme der folgenden Tatsachen, für welche die <u>Belege jederzeit zur Verfügung</u> stehen:
>
> Das Geschäft ist nunmehr frei von jedem jüdischen Einfluss, denn
> 1.) ist die Alleininhaberin rein arischer Abstammung.
> 2.) Stammt das eingelegte Kapital nur aus arischer Hand [...] und ist durch Gütertrennung (1910) und Erbvertrag rechtlich einwandfrei in der Hand der Inhaberin.
> 3.) Ist Frau Martha Fried seit sechs Jahren handelsgerichtlich als Inhaberin eingetragen.
> 4.) Lebt die Inhaberin in Scheidung und der 1. Termin ist von der I. Zivilkammer des Landgerichts Ulm bereits auf den 17. Januar angesetzt. Weiter liegt eine Erklärung des Ehemannes vor, dass er zu keinem Termin erscheinen und sich nicht vertreten lassen wird.
> 5.) Der Ehemann befindet sich gegenwärtig wegen ungebührlichen Verhaltens auf einer Behörde in Schutzhaft, welche über den Scheidungstermin hinaus andauern wird. Nach seiner Freilassung verlässt er sofort Ulm, um von einer anderen Stadt aus seine Auswanderung zu betreiben.
> [...]
>
> Um die erfolgte Änderung auch äusserlich zu dokumentieren, werde ich das Geschäft nach meiner Scheidung unter meinem Vaternamen <u>Hoffmann</u> weiterführen. Die Fassade wird einwandfrei hergerichtet werden und das Geschäft in jeder Hin-

SCHUHHAUS  **„PALLAS"**
~~Franz Fried~~ Telefon 2080
Ulm a. Donau
Donaustraße, Ecke Langestraße
~~Das große Schuhhaus mit den billigen Preisen~~

ULM, den 5. Januar 1939.

An das
Oberrat,
Ulm a.D.

Der Landrat in ULM
Eingegangen
6. JAN. 1939
T. 1

Betr. Anerkennung als Deutsches Geschäft.

Ich ersuche um Kenntnisnahme der folgenden Tatsachen, für welche
die <u>Belege jederzeit zur Verfügung</u> stehen:

        Das Geschäft ist nunmehr frei von jedem jüdischen Einfluss,
        denn

        1.) ist die Alleininhaberin rein arischer Abstammung.

        2.) stammt das eingelegte Kapital nur aus arischer Hand
           (Darlehen und Erbe der Jnhaberin) und ist durch Güter-
           trennung (1910) und Erbvertrag rechtlich einwandfrei
           in der Hand der Jnhaberin.

        3.) ist Frau Martha Fried seit sechs Jahren handelsgericht-
           lich als Jnhaberin eingetragen.

        <u>4.)</u> lebt die Jnhaberin in Scheidung und der 1.Termin ist
           von der I. Zivilkammer des Landgerichts Ulm bereits
           auf den 17. Januar angesetzt. Weiter liegt eine Erklä-
           rung des Ehemanns vor, dass er zu keinem Termin erschei-
           nen und sich nicht vertreten lassen wird.

        <u>5.)</u> Der Ehemann befindet sich gegenwärtig wegen ungebührli-
           chen Verhaltens auf einer Behörde in Schutzhaft, welche
           über den Scheidungstermin hinaus andauern wird. Nach
           seiner Freilassung verlässt er sofort Ulm, um von einer
           anderen Stadt aus seine Auswanderung zu betreiben.

        6.) Der Geschäftsführer, Herr Gursch gen. Stein, ist rein
           arischer Abstammung.

        7.) Herr Kurt Fried, welcher als Sohn im Geschäft tätig ist,
           rückt am 6.2. ds. J. zu einer dreimonatigen Übung beim
           I. (E.) J.R.56 nach Weinsberg ein.

        8.) Die Jnhaberin, ihre beiden Kinder, der Geschäftsführer
           und das gesamte Personal sind Mitglieder der DAF.

Die <u>massgebenden</u> Stuttgarter Stellen anerkennen diese Sachlage als
<u>einwandfrei</u> und werden die Genehmigung nach erfolgter Scheidung, wel-
che wegen der vollständig zerrütteten Ehe eingereicht werden musste,
erteilen. b.w. !

sicht so geführt werden, dass es zu Beanstandungen politischer, wirtschaftlicher oder sozialer Art keinen Anlass geben kann. Ich darf noch darauf hinweisen, dass die menschlich schlimme Lage, in welche ich durch meine vor 35 Jahren erfolgte Heirat mit einem christlichen Nichtarier (also nach damaliger Auffassung mit einem Christen) gekommen bin, meine Gesundheit mehr und mehr untergräbt und bitte, mir und meinen Kindern die Existenz zu belassen. […]

Heil Hitler!
Fr. Martha Fried

Aus dem Briefkopf des Schuhhauses Pallas hat sie den Namen meines Großvaters ausgestrichen. Nicht einmal, nicht zweimal. Nein, dreimal. Als wolle sie ihn aus ihrem Leben ausstreichen.

Was genau steckt hinter diesem Brief? Der erste Teil entspricht im Wesentlichen dem, was meine Großmutter auch bisher versucht hat, um nachzuweisen, dass es sich beim Schuhhaus Pallas um ein »arisches« Geschäft handle. Neu ist die Tonlage im zweiten Teil des Briefes, wo sie von der »menschlich schlimmen Lage« schreibt, in die sie durch die Eheschließung mit meinem Großvater geraten sei. Hier ist Bitterkeit, sogar Wut spürbar. Und die Bereitschaft, sich endgültig von diesem Mann loszusagen, der scheinbar ihr ganzes Unglück zu verantworten hat. Das Schicksal meines Großvaters scheint ihr in diesem Moment gleichgültig zu sein. Offenbar ist sie bereit, einen Pakt mit dem Teufel einzugehen. Und so muss es wohl tatsächlich zu einer Art Deal gekommen sein:

Woher sonst hätte meine Großmutter wissen können, dass die Schutzhaft meines Großvaters über den Scheidungstermin hinaus andauern würde? In was für einer Erklärung hat mein Großvater zugesagt, zu keinem Scheidungstermin zu erscheinen und sich nicht vertreten zu lassen? Und vor allem: Seit wann hat mein Großvater den Plan, seine Auswanderung zu betreiben?

All das konnte sie so nur schreiben, wenn es vorher eine Absprache mit der Gestapo gegeben hatte.

Stellen wir uns die Situation vor: Man verhaftet meinen Großvater. Meine Großmutter wird verständigt, eilt in die Polizeidirektion. Man teilt ihr mit, dass ihr Mann wegen »Ungebühr« im Gefängnis sitzt, und gibt ihr zu verstehen, dass sie eine letzte Chance bekommt, das Schuhgeschäft zu behalten: Sie soll – nachdem die Scheidung zu ihrem Glück ja schon eingereicht sei – ihren Mann dazu bringen, auszuwandern. Deutschland »judenrein« zu machen ist schließlich das erklärte Ziel der Nazis.

Es spricht einiges dafür, dass meine Großmutter meinen Großvater zwischen dem 2. und 5. Januar im Gefängnis besucht hat, um auf ihn einzuwirken. Dabei muss er die ominöse Erklärung abgegeben und zugesagt haben, sich sofort nach seiner Entlassung um die Auswanderung zu bemühen.

Damit er nicht auf die Idee kommt, es sich doch noch anders zu überlegen – schließlich ist er bekannt für seine Widerspenstigkeit –, lässt man meinen Großvater trotzdem drei Monate »Schutzhaft« absitzen. Die »Schutzhaft« ist ein beliebtes Mittel, von Juden etwas zu erzwingen: die Scheidung, den Verzicht auf Eigentum oder eben die Emigration.

Es kommt genau, wie es in dem Brief steht: Erst erfolgt die Scheidung, dann die Entlassung meines Großvaters aus dem KZ und seine Übersiedlung nach München, von wo aus er sich um seine Auswanderung bemüht.

Und siehe da: Das Schuhhaus Pallas bleibt (zumindest vorerst) im Besitz meiner Großmutter. Der Pakt mit dem Teufel ist aufgegangen.

6.

7. November 2004. Nach Peters Anruf aus New York. In meinem Inneren herrscht Aufruhr. Max und Lilli Fried. Großonkel und Großtante. Deportiert. Auschwitz. Ermordet.

Will ich wirklich mehr erfahren?

Schnell ist mir klar: Ich will nicht nur, ich muss.

Ich gebe den Namen Max Fried in eine Internet-Suchmaschine ein und finde eine Liste der Münchner Opfer der Shoa[43]. Da habe ich es schwarz auf weiß:

Fried Lilli, geborene Schwarzschild, geboren am 27.4.1887 in Würzburg, zuletzt wohnhaft in München, Todesort: Auschwitz.

Fried Max, geboren am 12.10.1879 in Wien, zuletzt wohnhaft in München, Todesort: Auschwitz.

Mit einem Mal wird aus abstrakter Historie konkrete Familiengeschichte. Zwei von sechs Millionen haben plötzlich einen Namen: meinen.

Namen I: Als ich mein erstes Kind erwarte, wissen wir schon bald, dass es ein Sohn wird. Wir beginnen mit der Suche nach einem passenden Vornamen, was zu regen Diskussionen innerhalb der Familie führt. Eines Tages schlägt meine Mutter vor: »Nennt ihn doch Max!«

Ich denke mir weiter nichts dabei, mein Großvater mütterlicherseits hieß Max, mein Vater hieß mit zweitem Namen Max, mein Bruder Rainer trägt ebenfalls den Zweitnamen Max, so erscheint es klar, dass es sich um eine Familientradition handelt, die ich bei meinem Erstgeborenen fortsetzen könnte. Wir greifen den Vorschlag also auf, machen nur aus dem Max einen Maximilian, abkürzen kann man immer noch.

Nun weiß ich, dass mein Vater einen Onkel Max hatte, der in Auschwitz ermordet wurde. Mein Bruder trägt seinen Namen. Mein Sohn trägt seinen Namen. Und wenn es nach meinem Vater gegangen wäre, hätten wir nie erfahren, an wen dieser Name erinnern soll.

Namen II: Irgendwann in meiner Kindheit ist von einer Cousine meines Vaters die Rede, mit der es ein schlimmes Ende genommen habe. Ihr Name ist Ilse. Mein zweiter Name ist auch Ilse. Ein grässlicher Name, wie ich als Kind finde. Eines Tages entdeckt ein Klassenkamerad das von mir sorgsam gehütete Geheimnis, und fortan werde ich mit dem Spottvers »Ilse, Bilse, keiner will se, kam der Koch, nahm se doch, steckt se in das Ofenloch« gequält. Kein Wunder, dass ich auf Ilse nicht gut zu sprechen bin. Auf die Idee, zu fragen, wer sie war und was aus ihr wurde, komme ich nicht.

Wenn mein Bruder wie der in Auschwitz ermordete Max Fried heißt, dann ahne ich jetzt, welches Ende es mit Ilse genommen hat.

Als Peter aus New York zurückkommt, bringt er mir den Ausdruck aus dem Gedenkbuch der Münchner Juden mit, von dem er mir am Telefon erzählt hat. Lange betrachte ich das Foto von Max Fried, an dem mich zwei Dinge erstaunen: Erstens, dass er einen Schnauzbart trägt, der mich unwillkürlich an Hitler denken lässt. Zweitens, wie frappierend ansonsten die Ähnlichkeit mit meinem Vater ist. Die gleichen schräg nach oben verlaufenden Brauen, die gleichen dunklen Augen, der gleiche zusammengepresste Mund, die schmalen Lippen.

Familienähnlichkeit. Familienbande. Familiengeheimnis.

Ich lese den Text, und es dauert einen Moment, bis ich begreife:

»Kind: Walter Erich, geboren am 12. 2. 1913 in München.« Ganz unten steht: »Max Frieds Sohn Walter Erich glückte im März 1939 die Emigration nach Bolivien.«

Dann ist das … mein Onkel! 1913 geboren? Das heißt, er könnte noch leben!

Die Frieds haben, was die Schwaben »a Kuddl« nennen, eine äußerst robuste Konstitution. Mein Großvater wurde 87, mein Urgroßvater immerhin 84, wie ich später herausfand. Und meine Tante Anneliese ist schon 86.

Ich überlege, wer etwas über diesen Onkel Walter wissen könnte. Die Internet-Recherche ergibt nichts, außer einer Menge Hinweise auf den Dichter Erich Fried.

Bleibt Tante Anneliese.

»Ja, hasch du denn nix vom Walter gewusst?«, fragt sie ungläubig. Ich spüre ihr Zögern, als frage sie sich, warum ich mich plötzlich für dieses Thema interessiere, nach so langer Zeit.

»Nein«, sage ich, »du weißt doch, wie Papa war.«

Anneliese erzählt, dass sie Walter gut kennt, dass er sie mehrfach besucht habe, wenn er geschäftlich in Europa war. Mein Vater hingegen habe seinen Cousin Walter nicht treffen wollen.

Natürlich, denke ich, eine solche Begegnung hätte ihn mit der Vergangenheit konfrontiert, mit seiner Familiengeschichte, die er sorgsam verdrängt und verschwiegen hatte. Das wollte er lieber vermeiden.

Kaum wage ich, die Frage zu stellen: »Lebt Walter denn noch?«

»Ja«, sagt Anneliese, »in einer Senioreneinrichtung in Seattle. Bis vor ein, zwei Jahren ham mer uns Weihnachtskarten gschickt.«

»Kannst du mir seine Adresse geben?«, frage ich.

Sie kramt eine Weile herum, dann kommt sie ans Telefon zurück und diktiert mir eine Adresse in Bainbridge Island bei Seattle.

»Was willsch denn von ihm?«, fragt sie.

»Ihm Fragen stellen. Zu unserer Familie, zur Nazi-Zeit. Dich würde ich auch gern mal befragen, wenn ich darf.«

Sie bleibt einen Moment stumm. Dann sagt sie: »Ich möcht nimmer über damals reden.«

»Warum nicht?«, frage ich.

»Jetzt isch es zu spät. Ich will nix mehr davon wissen.«

»Aber, warum hast du denn nicht früher mal was erzählt?«

»Es hat mich ja keiner gfragt.«

Ein vages Schuldbewusstsein macht sich in mir breit. Es hat wirklich lange gedauert, bis ich auf die Idee kam, zu fragen.

Wenig später mache ich einen zweiten Versuch, sie zum Sprechen zu bringen, indem ich ihr erzähle, ich sei gerade dabei, einen Brief an Onkel Walter zu schreiben, der ja bestimmt eine Menge über die Familie wisse.

Schweigen. »Du glaubsch also, der Walter erzählt dir was?«

»Das hoffe ich. Du willst ja leider nicht mehr darüber sprechen.«

Wieder Schweigen. »Was willsch denn wissen?«

Ich lächle in mich hinein. Offenbar ändert sie gerade ihre Meinung. Und bald spüre ich, wie sie regelrecht dankbar ist, dass endlich jemand fragt.

Natürlich will ich als Erstes mehr über diese Ilse wissen, nach der ich genannt wurde. Ich erfahre, dass sie eine Tante von mir war. Ihre Mutter Mathilde war die

Meine von den Nazis ermordete Tante Ilse, deren Namen ich trage

Ilse (3. v. li.) und Mathilde (3. v. re.) im Kreis von Verwandten und Freunden

Schwester meines Großvaters. Außer Max hatte mein Großvater noch zwei weitere Brüder, Ignatz und Moritz.

Ilse hat mit ihrer Mutter Mathilde und ihrem Vater Alfred in Nürnberg gelebt, wo Alfred Wagner ein Herrenbekleidungsgeschäft besaß. Meine Großeltern hatten regelmäßig Kontakt mit diesem Teil der Verwandtschaft, man besuchte sich gegenseitig in Nürnberg und Ulm, und Tante Tilde, wie Mathilde zärtlich genannt wurde, muss eine ausgesprochen warmherzige und liebe Frau gewesen sein. Mit zehn Jahren Abstand war sie die jüngste ihrer Geschwister, eine Nachzüglerin nach den vier Brüdern Franz, Max, Moritz und Ignatz.

Über Mathildes Mann Alfred weiß Anneliese nicht viel zu sagen, nur, dass er wohl ein Cousin mütterlicherseits gewesen sei. Und den Satz: »Der hat so jüdisch ausgesehen wie hundert Juden«, in dem wieder diese Geringschätzung mitschwingt, die Anneliese anscheinend allem Jüdischen entgegenbringt.

Dann erzählt sie vom letzten Besuch bei den Verwandten in Nürnberg, gemeinsam mit meiner Großmutter Mitte Februar 1942.

Mathilde und Ilse befanden sich bereits in einem Sammellager, Alfred hatte wenige Tage zuvor versucht, sich mit Gift das Leben zu nehmen, und lag im jüdischen Krankenhaus in Fürth. Mathilde sprach davon, nun würden sie wohl bald in den Osten »umgesiedelt« werden, und vermutlich ahnten sie, was damit gemeint war.

Ich kann Anneliese nichts über ihre damaligen Gefühle entlocken, es ist, als berichte sie über Geschehnisse, die nichts mit ihr zu tun haben. Diese scheinbare Distanz habe ich mehrmals bei Menschen bemerkt, die mir aus dieser Zeit erzählt haben. Je schlimmer ihre Erlebnisse waren, desto sachlicher fielen ihre Schilderungen aus – als könnten sie es nur so ertragen, darüber zu sprechen.

Am 20. Februar 1942, kurz nach Annelieses letztem Besuch in Nürnberg, starb Alfred Wagner an den Folgen seines Selbstmordversuchs. Am 24. März 1942 wurden Mathilde und Ilse ins polnische Izbica deportiert.

Die Ortschaft Izbica[44] war nach der Besetzung Polens durch die Deutschen zum Getto erklärt worden. Juden aus dem nahen Lublin und umliegenden Ortschaften wurden dorthin gebracht, weitere 14 000 Menschen kamen mit Deportationszügen aus deutschen Städten.

Der Führer des Transports aus Nürnberg, mit dem auch Mathilde und Ilse nach Izbica kamen, beschrieb nach seiner Ankunft den Ort als völlig verwahrlost, ohne Kanalisation, überfüllt mit Ratten, Mäusen, Flöhen und Wanzen. Außerdem herrschte extreme Lebensmittelknappheit. Diese Zustände waren durchaus beabsichtigt, denn die Juden sollten hier nicht heimisch werden. Das Getto diente als Durchgangsstation, von hier aus gingen ab März 1942 die Transporte in die Vernichtungslager[45] Sobibor und Belzec. Weitere Deportationsziele waren Chelmno, Majdanek und Treblinka. Auch

Mein Großvater Franz (re.) mit seinen Brüdern Max (2. v. re.), Moritz (vermutlich 3. v. re.) und Ignatz (vermutlich 4. v. re.)

im Getto selbst waren die Menschen nicht sicher; immer wieder kam es zu Exekutionen. Anfang November 1942 wurden an einem Tag 2000 Menschen erschossen und 1750 nach Belzec deportiert. Bis auf wenige Ausnahmen wurden sämtliche Bewohner von Izbica umgebracht.

Mathilde und Ilse gehörten nicht zu den Ausnahmen. Wo und wann sie starben, lässt sich nicht mehr feststellen.

Ich frage Anneliese nach den anderen Brüdern meines Großvaters. Ignatz, der jüngste, hatte auch in Nürnberg gelebt. Er wurde nur 43 Jahre alt. Anneliese erinnert sich, dass er an einer Lungenkrankheit starb. Da sie zu diesem Zeitpunkt selbst erst fünf war, weiß sie das wohl nur vom Hörensagen.

Moritz, den ältesten, hat sie nicht näher gekannt. Er starb 1932.

Am Ende unseres Gesprächs sagt Anneliese beiläufig, sie hätte noch ein paar Familienfotos, bei Gelegenheit könne ich gern vorbeikommen und sie ansehen.

Bald darauf besuche ich sie in ihrem Apartment in einem Ulmer Seniorenstift.

Sie fördert zwei ledergebundene Alben zutage, in denen sich wahre Schätze finden: Kinderbilder von ihr und meinem Vater, Fotos ihrer Eltern, ihrer Tanten mütterlicherseits, von Mathilde und Ilse, den Brüdern ihres Vaters und weiterer Verwandter. Leider kann sie bei einigen Fotos nicht mehr sagen, um wen es sich handelt. Aber viele Namen erhalten nun ein Gesicht, werden zu Menschen, die ich mir vorstellen kann und die mir dadurch plötzlich ganz nahe sind.

In dieser Nacht schlafe ich sehr schlecht. Immer wieder schrecke ich hoch. Rund um mein Bett sehe ich schattenhafte Gestalten. Die Geister meiner Vorfahren haben sich aufgereiht, als wollten sie mich auffordern, ihre Geschichte dem Vergessen zu entreißen.

7.

Aus dem Stadtarchiv Nürnberg erhalte ich die Nachricht, dass im Gedenkbuch für die Nürnberger Opfer der Shoa[46] Mathilde und Ilse Wagner mit den Daten ihrer Deportation verzeichnet sind. Alfred Wagner fehlt.

Wie kann das sein? Gerade habe ich von Anneliese erfahren, dass er angesichts der bevorstehenden Deportation Gift geschluckt hat – ist jemand, der sich selbst tötet, um der Ermordung durch die Nazis zu entgehen, kein Opfer?

Peter und ich fahren nach Fürth, wo wir Naomi Blume, die Leiterin der dortigen jüdischen Gemeinde treffen. Sie ist selbst zum Judentum übergetreten und beeindruckt uns mit der Leidenschaft für ihre Aufgabe. Sie führt uns über den jüdischen Friedhof, lässt uns teilhaben an ihrem umfassenden Wissen über die Geschichte der Fürther Juden.

Ich erzähle ihr von Alfred Wagner, und sie überprüft, ob er im Fürther Memorbuch[47] für die ermordeten Juden aufgeführt ist – auch dort fehlt er. Das lässt ihr offenbar keine Ruhe, denn sie richtet eine Anfrage an das Standesamt Fürth, auf die sie folgende Antwort erhält:

Stadt Fürth, Standesamt, Sterbefall Wagner/Ihre Anfrage vom 14.7.05

Sehr geehrte Frau Blume,
ein Fall für das Memorbuch dürfte hier nicht vorliegen. Nach dem seinerzeitigen Hinweis am unteren Rand des Sterbeeintrages über die Todesursache lag hier »Herzasthma (Angina Pectoris), Lungenembolie« vor.« […]

Herzasthma? Lungenembolie?

Mag sein, dass dies die Folgen seines Suizidversuchs waren, die Ursache für Alfred Wagners Tod waren sie jedenfalls nicht.

Wie kam es zu dieser Diagnose? Hat ein Amtsarzt von außerhalb die Todesursache festgestellt und es sich leicht gemacht? Oder hat jemand mutwillig den Selbstmord vertuscht? Was immer die Gründe waren, die falsche Diagnose verschleiert, dass Alfred Wagner sehr wohl ein Opfer der Shoa war.

Immerhin gibt es noch jemanden, der die Wahrheit kennt: meine Tante Anneliese. Deren Zeugnis müsste genügen, Alfred Wagner den Platz im Gedenkbuch zu verschaffen, der ihm zusteht.

Ich schreibe an Naomi Blume, bitte sie um Hilfe und biete den Kontakt zu meiner Tante an. Und tatsächlich: Am 9. August 2005 erhalte ich ein Fax mit dem Entwurf für einen Eintrag Alfred Wagners als Opfer der Shoa ins Fürther Memorbuch.

Angesichts des Verbrechens, das ihm und seiner Familie angetan wurde, mag es ein kleiner Sieg sein, aber dennoch empfinde ich Genugtuung. Mit diesem Eintrag wird meinem Großonkel in angemessener Weise gedacht – als einem von sechs Millionen jüdischen Menschen, die den Nazis zum Opfer fielen. Jeder starb seinen eigenen, grausamen Tod. Und nicht ein einziger von ihnen soll verleugnet werden.

8.

15.11.2004

Lieber Onkel Walter,
du wirst sicher überrascht sein, von mir zu hören – ich weiß nicht einmal, ob du überhaupt von meiner Existenz weißt.
Ich bin die Tochter von Kurt Fried, dem Bruder deiner Cousine Anneliese, von der ich auch deine Adresse erhalten habe. Ich bin 1958 in Ulm geboren, lebe mit meinem Mann Peter und meinen zwei Kindern (Leonard Maximilian, geb. 1991, und Paulina Noemi, geb. 1994) in der Nähe von München und bin von Beruf Autorin und Fernsehmoderatorin.
Seit kurzem habe ich begonnen, in meiner Familiengeschichte zu recherchieren, über die ich sehr wenig weiß, da mein Vater nie darüber gesprochen hat. Dabei bin ich auf meinen Großvater Franz, deine Eltern Max und Lilli Fried und auf deinen Namen gestoßen. […]
Ich kann mir vorstellen, dass es schmerzlich für dich ist, an die Zeit damals erinnert zu werden. Trotzdem möchte ich dich von Herzen bitten, mir zu antworten. Du kannst mir entweder eine Telefonnummer geben, dann rufe ich dich an. Oder du erzählst mir in einem Brief, was du noch weißt.
Ich wüsste gern, ob du die Geschwister deines Vaters gekannt hast, was sie für Menschen waren. […]
In den Unterlagen, die ich gefunden habe, steht, du seist 1939 nach Bolivien emigriert. Stimmt das? Warum sind deine Eltern nicht mitgegangen? Wann bist du in die USA gekommen? […]

Du siehst, ich habe viele Fragen und ich wäre sehr glücklich, wenn du nur einige davon beantworten könntest.

Ich hoffe sehr auf deine Antwort.

Mit herzlichen Grüßen,

                                    Deine Amelie

Aus dem Münchner Stadtarchiv erhalte ich Fotos der Kennkarten von Walters Eltern Max und Lilli Fried. Lillis Karte ist bis September 1943 gültig, die von Max bis März 1944. Ich frage mich, ob sie da noch am Leben waren oder ob sie gleich nach der Ankunft in Auschwitz umgebracht wurden. Angesichts dessen, was man heute über die Zustände in Auschwitz weiß, hoffe ich insgeheim, dass ihnen längere Qualen erspart geblieben sind.

Wenig später stoße ich auf ein Dokument mit dem Datum 8. Mai 1944, das diese Hoffnung zumindest in Bezug auf Max zunichte macht: »Meldung und Strafverfügung des KL [Konzentrationslagers] Auschwitz, Arbeitslager Monowitz[48], betreffend den deutschen Juden Max Fried, der im Kraftwerk während der Arbeitszeit einem Zivilisten ein Brot gestohlen hat.«[49]

Diese Meldung bedeutet zweierlei: Max hat noch mehr als ein Jahr nach seiner Ankunft in Auschwitz gelebt. Und er hat gehungert. So sehr, dass er etwas getan hat, das ihm wahrscheinlich zuvor unvorstellbar erschienen wäre: Er hat gestohlen.

Die Häftlinge in Monowitz mussten schwere körperliche Arbeit leisten, erhielten pro Tag aber nur ca. 1600 Kalorien, was zu einem durchschnittlichen wöchentlichen Gewichtsverlust von rund zwei Kilo führte. Nach einigen Monaten waren sie völlig ausgezehrt, viele wurden krank. Wenn sie als Arbeitskräfte nicht mehr zu gebrauchen waren, wurden sie selektiert und nach Auschwitz zurückgeschickt, wo die meisten in den Gaskammern endeten.

Für Max war möglicherweise bereits der Diebstahl das Todesurteil; in solchen Fällen wurden Häftlinge oft einfach erschossen.

Auch ein Foto von Walters Kennkarte ist dabei. Ein auffallend langer, schmaler Kopf, kurz geschnittenes, links gescheiteltes Haar

mit einer Stirnwelle. Ein sanfter, fast seelenvoller Blick. Den Mund hat er von seiner Mutter, überhaupt ähnelt er mehr ihr als dem Vater. Lilli hat eine weiche, mütterliche Ausstrahlung. In ihrem Gesicht spiegeln sich – anders als bei Max, der eher wütend und entschlossen aussieht – Trauer und Erschöpfung.

Auf allen drei Karten befinden sich Fingerabdrücke vom rechten und linken Zeigefinger, unmittelbare Spuren ihrer Körper, die mich zutiefst berühren.

Im Dezember 2004 erhalte ich einen Brief aus den USA mit Poststempel Seattle. Oben links auf dem Umschlag ein Adressaufkleber: Mr. Walter E. Fried, Bainbridge Island. Ich bin unglaublich aufgeregt, als ich den Umschlag öffne.

Ich ziehe eine Weihnachtskarte in Form eines Teddybären mit grünem Strickpulli und roter Weihnachtsmann-Mütze aus dem Umschlag. Der Bär hält ein rotes Herz, auf dem steht: »Love and Joy

Come to You.« Kein Zweifel, mein Onkel Walter ist ein »richtiger Amerikaner« geworden! Ich klappe die Karte auf. In derselben gestochenen Schrift, in der die Adresse geschrieben ist, hat Walter seine Weihnachtswünsche zu Papier gebracht – auf Deutsch:

> Liebe Amelie!
> Vielen Dank für Deinen Brief. Ich kann nur ganz schlecht sehen und schreiben. Meine Nichte Ilse hat nun die Antwort geschrieben. Ich will aber hiermit fröhliche Weihnachten und ein fröhliches Neujahr wünschen. Viel Freude in 2005!
> Auch für Peter und die Kinder. Also alles Gute und Schöne,
> Walter 7. Dez. 2004
> Ilse rief mich an, sie muss erst noch Weihnachtsbriefe schreiben und wird dann den Brief an Dich fertig machen. Also, bitte Geduld!

Kurz vor Weihnachten trifft der angekündigte Brief von Walters Nichte Ilse ein (was für ein eigenartiger Zufall: noch eine Ilse). Sie schreibt (Übersetzung aus dem Englischen):

> Liebe Amelie,
> Walter hat sich über deinen Brief vom November 2004 gefreut. Weil seine Augen und sein Gehör nicht mehr so gut sind, bat er mich, diese Antwort zu schreiben.
> Mein Name ist Ilse Guhrauer, und ich bin bei Walter und Erna aufgewachsen, seit ich zwölf war.
> Walter hat oft Zeitungsausschnitte über dich und dein »Liebes Leid und Lust« [Titel eines meiner Romane] von einem alten Klassenkameraden aus München erhalten.
> Diesem Brief beigefügt ist ein Familienstammbaum, den Walter angefertigt hat.

Walter traf die ganze Familie zweimal (Augsburg 1923) bei Elias'
70. Geburtstag und der goldenen Hochzeit. Er erinnert sich,
bei einer dieser Gelegenheiten Irma als Neugeborenes gesehen
zu haben. Die Münchner Kindln, Hansel and Gretel, waren gute
Freunde in München und während der Sommerferien der Jahre
1920, 1921, 1924.
Lottie Rosenberg, Gretels Cousine, war eine seiner liebsten
Freundinnen, als sie ungefähr sieben war. Später wurde sie
gefasst, als sie Geld schmuggelte, um aus der Nazi-Falle heraus-
zukommen.
Walter kam aus Deutschland raus, als der Bischof von Potosí in
Bolivien ihm Arbeit bei einem großen Bergwerk dort verschaffen konnte. Nachdem er in La Paz angekommen war, versuchte
er, eine Einreise für seine Eltern zu bekommen, aber unglücklicherweise – durch eine Revolution in Bolivien und den Krieg
in Deutschland – schaffte er nicht, sie herauszuholen.
Walter glaubt, dass der Holocaust länger in Erinnerung bleiben
wird als die Französische Revolution. [...]
Walter wurde am 12. Februar 1913 geboren. Er ist Ingenieur und
arbeitete in München, Bolivien – wo er seine Frau Erna traf, die
Schwester meines Vaters – und Chicago (dorthin zog er 1951).
Walter und Erna zogen 1980 nach Seattle, als er in den Ruhestand ging. Erna starb 1990.
Er besuchte Ulm 1965, 1972 und 1983. Kurt hat er nur einmal in
München gesehen (um 1928).
Walter ist eine fantastische Person, er liebt es, zu wandern, und
im Sommer geht er 6 Meilen am Tag. Er ist geistig sehr wach,
sanft und gelassen, und er hat ein großes Herz. Ich schätze mich
überaus glücklich, ihn in meinem Leben zu haben, denn er ist
auch ein wundervoller Freund.
Bitte lass uns wissen, ob du andere Fragen hast. Es hat mich

einige Zeit gekostet, ihn dazu zu bringen, über seine Kindheit zu sprechen, und er hat ein erstaunliches Gedächtnis und viele Geschichten zu erzählen.

Walter schickt Grüße an deine Mutter, Bernd, Vicky, Verena [Annelieses Sohn, dessen Frau und Tochter], an deinen Ehemann und natürlich an dich!

Alles Gute und schöne Feiertage,

Ilse Guhrauer

Aufgeregt studiere ich den Stammbaum, den Walter akribisch aufgezeichnet hat. Es muss den alten Mann (immerhin ist er 91!) sehr viel Mühe gekostet haben. Und wieder hat sich meine Familie vergrößert. Ich hatte also auch einen Onkel Hans und eine Tante Grete, beides Kinder meines Großonkels Moritz Fried.

Bald darauf erhalte ich die Ausdrucke aus der NS-Opfer-Datei[50] mit den Daten von Luise Fried, geborene Breidenbach (der Frau von Moritz), und ihrem Sohn Hans Fried, Jurastudent und kaufmännischer Angestellter. Auf Luises Bogen ist auch die Tochter, Grete, vermerkt und deren Eheschließung am 29. Januar 1939 in München.

Walter schreibt über ihren Verbleib: »1934, Hans Fried, ein Rechtsanwalt, ging nach Paris, London (fast verhungert), wurde schließlich nach Johannesburg/Südafrika geschickt.«

Zu Grete heißt es: »1939, Gretl und Ehemann Fred Kauf nach New York. Fred starb 1952 in N. Y., Greta in Rockland State Hospital, Orangeburg, NY (Psychiatrie), 19??«

Als Todesdatum meines Großonkels Moritz gibt er 1934 an, und über das Schicksal von dessen Frau Luise weiß er Folgendes: »1939 – Luise nach Johannesburg. Luise, und vor kurzem auch Hans, sind gestorben. Hans' afrikanische Frau beging Selbstmord. Seine letzte Freundin schickt Briefe an Weihnachten.« Daraus schließe ich, dass Walter den Kontakt zu Hans nie hat abreißen lassen.

Irma war die Tochter von Ignatz und seiner ersten Frau Herta; was aus ihr wurde, weiß er nicht. Über Ignatz schreibt Walter: »Wurde von Herta geschieden (Innsbruck), heiratete seine Cousine Maria Gross/Mizzi. Er starb früh an Krebs. War Professor in Mannheim.«

Mir kommt eine vage Erinnerung in den Sinn, und ich sehe im Gedenkbuch der Münchner Juden nach. Tatsächlich: Vor dem Eintrag von Max Fried steht Maria Rika Fried, geborene Gross, verheiratet mit Ignatz Friedrich Fried, geb. am 29.10.1880 in Wien. Zu ihrem Verbleib heißt es: »Maria Rika Fried emigrierte am 9.8.1936 nach Brünn und wurde von hier aus deportiert. Über ihr Schicksal gibt es keine Hinweise. Sie wurde vom Amtsgericht München im Jahr 1950 für tot erklärt.«

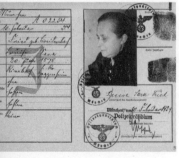

Ich frage im Stadtarchiv nach. Auch von Luise und Grete existieren Kennkarten, ausgestellt im Februar und März 1939, mit dem obligatorischen »Sara« in der Unterschrift und den Fingerabdrücken. Grete ist eine rassige, dunkle Frau mit glühenden Augen und dem schmalen Mund der Frieds, sie hat aber auch starke Ähnlichkeit mit ihrer Mutter. Obwohl Luise auf dem Bild schon um die siebzig sein muss, ist ihr Haar zwar gelichtet, aber noch nicht grau.

Mittlerweile weiß ich von sechs nahen Familienmitgliedern, die den Nazis zum Opfer gefallen sind, aber je länger ich nachforsche, desto mehr werden es. Die Nächsten sind:

- Lilli Frieds Bruder, Moritz Schwarzschild – 1944 ermordet in Auschwitz,
- dessen Frau Mina Schwarzschild, geborene Koschland – 1944 ermordet in Auschwitz,
- ihre Tochter Lotte Schwarzschild – ab 1941 interniert im Zwangsarbeitslager Flachsröste Lohhof, 1942 deportiert nach Piaski, Todesort und Todesdatum unbekannt.

Meine Nachforschungen in der Familiengeschichte beschäftigen mich nicht nur tagsüber, sie verfolgen mich bis in meine Träume. Eines Nachts träume ich von einem Haus, das ich als »mein Haus« erkenne, obwohl es weder so aussieht wie mein Elternhaus noch wie das Haus, in dem ich mit meinem Mann Peter und unseren Kindern lebe. Plötzlich stehe ich vor einer Tür, die ich noch nie gesehen habe. Ich rüttele an der Klinke, die Tür ist verschlossen. Aufgeregt frage ich die anderen im Haus, was hinter der Tür ist, aber keiner kann es mir sagen. Plötzlich ist die Tür offen. Ich komme in ein Zimmer, das ich nie zuvor betreten habe. Ich bin völlig verstört, dass sich in einem Haus, das ich von oben bis unten zu kennen glaube, ein Raum verbirgt, den ich nie bemerkt habe.

Am anderen Morgen versuche ich, den Traum zu deuten: Das verborgene Zimmer steht für die Geheimnisse in meiner Familie, deren Existenz ich unterbewusst vielleicht doch wahrgenommen, aber verdrängt habe. Der Schock, den ich bei der Entdeckung des Zimmers empfand, wiederholt sich während meiner Recherche immer wieder, wenn ich auf weitere Verwandte, auf immer mehr mir bis dahin unbekannte Schicksale stoße. Jedes Mal bin ich erschüttert, wenn Namen, die aus den Tiefen eines Archivs auftauchen, Gesichter erhalten, zu Individuen werden. Mir kommt der tröstliche Gedanke, dass meine Recherche den Prozess der Entpersönlichung, den die Nazis betrieben haben, wenigstens im Kleinen umkehrt. Aus Aktenzeichen werden wieder Menschen.

Ich antworte per E-Mail auf Ilses Brief (Übersetzung aus dem Englischen):

> Liebe Ilse,
> ich war so froh, deinen Brief mit all den Informationen zu erhalten, die Walter dir gegeben hat! Vielen Dank an euch beide! Die Nachforschungen sind wie ein großes Puzzle für mich, immer mehr Teile tauchen auf, und obwohl das Bild sicher nie vollständig sein wird, sehe ich schon eine Menge mehr als zu Beginn.
> Zum Beispiel: Ich wusste nichts von Irma – sie erscheint nicht in dem Material, das ich vom Münchner Stadtarchiv erhalten habe. Ich wusste auch nicht, was aus Hans und Grete geworden war. Nun schreibt Walter, dass Hans nach Südafrika ging und Grete in die Staaten – das heißt, sie haben überlebt!
> […]
> Ich war so froh, von euch zu hören, und, lieber Walter, ich hoffe wirklich, es war nicht zu schlimm für dich, an all diese Dinge erinnert zu werden. Ich denke, unsere Generation hat die moralische Verpflichtung, die Erinnerung an den Holocaust und seine Opfer lebendig zu halten – zu viele Menschen in Deutschland sagen heute: »Einmal muss Schluss damit sein, wir sind doch schließlich nicht schuld, es ist genug jetzt mit dem ganzen Nazi-Holocaust-Thema.«
> Ich finde, genau das Gegenteil ist der Fall: Es ist nie vorbei und es darf niemals vergessen werden. Und das bedeutet: Wir müssen fragen.
> Nochmals danke, ich werde eure Grüße meiner Familie

ausrichten und euch einige Fotos von uns schicken, sodass ihr eure deutschen Verwandten der nächsten Generation »treffen« könnt.

Lieber Walter: Ich wäre glücklich, wenn ich mal mit dir telefonieren könnte. Gib mir deine Nummer, ich rufe dich an. Es wäre großartig, mit dir zu sprechen, weil es so vieles gibt, was man nicht in einem Brief oder einer E-Mail unterbringen kann. Wir können auch in Englisch miteinander reden, wenn du nicht Deutsch sprechen möchtest.

Euch beiden ein wundervolles Weihnachtsfest,

Eure Amelie

9.

Max und Lilli Fried sind auf der NS-Opfer-Liste mit folgenden Adressen aufgeführt:

1) Färbergraben 4/III, Einzugsdatum: 16. 4. 1912
2) Frundsbergstraße 8/0, Einzugsdatum: 18. 9. 1939
3) Clemens-August-Straße 9, Einzugsdatum: 20. 10. 1941

Hinter diesen unscheinbaren Daten verbergen sich dreißig Jahre gemeinsamen Lebens mit einem furchtbaren Ende.

1912 bezieht der Diplomingenieur Max Fried mit seiner Frau Lilli eine Wohnung in der Münchner Innenstadt, im Färbergraben. Das Haus ist eines der besseren; rundum ist der Zustand vieler Häuser ziemlich baufällig. Zehn Monate später, im Februar 1913, wird der Sohn Walter Erich geboren. Die Eltern betrachten sich als freireligiös, sind nicht konfessionell gebunden. Sie lassen Walter aber katholisch taufen, um ihm später den Zugang zu christlichen Schulen zu ermöglichen.

Max Fried dient im Ersten Weltkrieg als Leutnant bei einer Versorgungseinheit in Polen und Rumänien, kämpfen muss er glücklicherweise nicht, und so kehrt er unversehrt aus dem Feld zurück. Die Familie erlebt die Novemberrevolution[51], die Ermordung Kurt Eisners[52], die Wirren der Münchner Räterepublik[53], den Beginn der Weimarer Republik[54] – alles in der Sicherheit ihrer gutbürgerlich eingerichteten Fünfzimmerwohnung mit Küche und Bad, beheizt mit Kohle und – wie Walter sich zu erinnern glaubt – sogar schon ganz modern mit Gas.

Max Fried gibt zu Hause Privatunterricht, bereitet »faule Studenten« (so Walter) auf die Prüfungen an der Technischen Hochschule vor.

Lilli Fried, die während des Ersten Weltkriegs die Drogerie ihres Bruders am Ostbahnhof geführt hat, ist später nicht mehr berufstätig. Da Max Fried äußerst sparsam ist (Walter sagt: »geizig«), erfreuen sich die Frieds eines bescheidenen Wohlstands. Sonntags geht die Familie ins Café, hie und da leistet man sich auch einen Ausflug oder eine Urlaubsreise, im Sommer nach Tirol, im Winter in die nahen Berge.

Walter macht gute Fortschritte in der Schule, die Eltern sind stolz auf ihren einzigen Sohn. Er hat die technische Begabung des Vaters geerbt, arbeitet schon vor dem Studium bei der Stadt München und geht nach dem Studium an der Technischen Universität zur Münchner Hochbau-Firma Weinzierl.

Mitte der Dreißigerjahre nimmt die judenfeindliche Hetze in München immer mehr zu, die Jagd auf jüdische Bürger beginnt und findet in der Nacht vom 9. auf den 10. November 1938, der »Reichskristallnacht«, einen ersten Höhepunkt. Nach einer Rede von Hitlers Propagandaminister Josef Goebbels, die er am Abend des 9. November im Alten Rathaussaal hält, ziehen Horden von organisierten Randalierern durch Münchens Zentrum. Geschäfte von Juden, viele von ihnen in der unmittelbaren Umgebung des Hauses im Färbergraben, werden zerstört, geplündert und angezündet, Rollkommandos klingeln jüdische Bürger aus dem Bett und pressen ihnen Geldzahlungen ab. Auf Anweisung von SS-Obergruppenführer Reinhard Heydrich und dem aus München stammenden Gestapo-Chef Heinrich Müller kommt es zu Massenverhaftungen jüdischer Männer.

Nach dem 10. November 1938 werden mehr als 1000 Münchner Juden ins KZ Dachau gebracht, meist ältere, in München bekannte

Das Kaufhaus Uhlfelder lag ganz in der Nähe der Wohnung von Onkel Walter und seinen Eltern. Es wurde in der Reichspogromnacht vom 9. auf den 10. November 1938 schwer beschädigt.

und wohlhabende Geschäftsleute und Freiberufler – darunter Max Fried. Er erhält die Häftlingsnummer 20349.

Walter erinnert sich: »Es war großes Pech. In unserer Gegend gab es eigentlich keine Verhaftungen, aber mein Vater hat sich an diesem Tag bei der Polizei beschwert, weil ihm die Nazis sein Unterrichtszimmer versperrt hatten. Da haben sie ihn gleich festgenommen.«

Diese Frieds, die sich immer beschweren müssen. In Ulm ist es Franz, in München Max, zwei anständige Brüder, die einfach nicht wahrhaben wollen, dass das Recht, an das sie glauben und auf das sie sich berufen, längst außer Kraft gesetzt ist.

Die Zustände im Lager Dachau werden vom Häftling Alfred Heller so beschrieben: »Bei der Aufnahme, Fußtritte und Riemenschläge klatschen und prasseln auf nackte Körper, ein Justizrat fällt in geistige Umnachtung, tobt, wird unter die Wasserbrause gehalten, stirbt an Lungenentzündung. Ein bekannter Arzt, schwer zuckerkrank, ohne Insulin, ohne Behandlung, geht langsam, sehend und erkennend, auf seinem Strohlager zugrunde. Dem leidenden Alten, der sich mühselig zum Appellplatz schleppt, fällt ein Faustschlag ins Genick, der ihm die Wirbelsäule bricht.«[55]

Die Häftlinge sind auf engstem Raum zusammengepfercht, körperliche und seelische Misshandlungen sind an der Tagesordnung. Keiner hat den winterlichen Temperaturen angemessene Kleidung, viele erleiden Erfrierungen. Strafappelle, bei denen die Gefangenen stundenlang in eisiger Kälte ausharren müssen, sind ein gern eingesetztes Mittel. Als im Januar 1939 ein Häftling ausbricht, müssen die andern zum Zählappell antreten und werden gezwungen, 34 Stunden zu stehen. 60 Häftlinge überleben die Folgen dieser Nacht – Unterkühlung, Grippe, Lungenentzündung – nicht. Innerhalb weniger Wochen verlieren in Dachau 185 der »Aktionshäftlinge« ihr Leben, 24 davon aus München. Weitere sterben kurz nach ihrer Entlassung.

Mit dieser Massenverhaftung sollte die jüdische Bevölkerung

offenbar eingeschüchtert und demoralisiert werden, um die Bereitschaft zur Auswanderung zu erhöhen. Der Zynismus ging so weit, die Gefangenen bis zur Erschöpfung »Das Wandern ist des Müllers Lust« singen zu lassen.

Bei der Entlassung (die Haftzeiten lagen zwischen vier und zwölf Wochen) müssen die Häftlinge – bei Androhung neuer KZ-Haft – unterschreiben, über alles im Lager Erlebte Stillschweigen zu bewahren. Viele sind schwer traumatisiert, manche werden bei der Rückkehr, abgemagert und mit geschorenem Kopf, von ihren eigenen Familienangehörigen nicht erkannt.

Max verliert nach seiner Rückkehr am 6. Dezember 1938 kein Wort über die Zeit in Dachau. »Er hat nichts erzählt«, sagt Walter, »es war ja auch verboten.«

Es gehört nicht viel Phantasie dazu, sich vorzustellen, dass die Lage der Juden immer schlimmer werden wird. »Aber meine Eltern

Ausschnitt aus der Häftlingskartei des KZs Dachau, in dem mein Großonkel Max Fried inhaftiert war und andere Verwandte haben nichts unternommen, um aus dem Land zu kommen«, erinnert sich Walter.

Er dagegen ist längst zur Emigration entschlossen. Schon 1938 hat er in Nürnberg mit einem Freund seiner Tante Mathilde Wagner über eine Ausreise nach Shanghai gesprochen, eine »Schnapsidee«, wie er heute sagt.

In München wendet Walter sich an Rudolf Cohen, einen Juden, der Mitglied der Quäker (einer friedliebenden christlichen Religionsgemeinschaft) geworden ist und gemeinsam mit seiner »arischen« Frau versucht, bedrohten Juden zur Emigration zu verhelfen – unter Inkaufnahme großer persönlicher Risiken.

Rudolf Cohen versuchte, meinem Onkel Walter und später meinem Großvater zur Emigration zu verhelfen.

Zunächst will Walter nach Südafrika auswandern, wo ein Großonkel lebt, dann ist die Rede von Minneapolis/USA, wo es ebenfalls einen Verwandten gibt, der mit Orthopädiebedarf und künstlichen Gliedmaßen handelt. »Sehr fraglich, ob er bürgen[56] kann und will«, notiert Cohen allerdings dazu.

Australien und Neuseeland werden als Ziel erwogen und wieder verworfen, schließlich rät Cohen ihm, sich an den »Raphaelsverein«[57] zu wenden, einen Beratungsverein, der Auswanderungswilligen hilft. Nun soll Brasilien das Ziel sein, das auf Bitten von Papst Pius XII. 3000 deutsche Emigranten – ausschließlich zum Katholizismus übergetretene Juden – aufnehmen will. Am 19. Januar 1939 notiert Cohen: »Hat Antwort vom Raphaelsverein, dass er in ca. 4 Wochen nach Holland als Durchgangsland kann u. wahrscheinlich Visum für Brasilien erhält.«

Doch dazu kommt es nicht. Die Visa werden zwar von der brasilianischen Regierung bewilligt, aber antisemitisch gesinnte brasilianische Diplomaten, vor allem in Berlin und Hamburg, sabotieren die sogenannte Brasil-Aktion, indem sie dafür sorgen, dass nur eine geringe Anzahl der Visa tatsächlich erteilt wird. Walter erhält keines.

Dann kommt ihm ein glücklicher Umstand zu Hilfe. Im Haus Färbergraben 4 wohnt auch Josef Holzner, ein katholischer Gelehrter im Ruhestand, der sich mit einem umfassenden Werk über den Apostel Paulus einen Namen gemacht hat. Die Bücher des weit gereisten Wissenschaftlers, der in Griechenland, Kleinasien, Syrien und Palästina geforscht hat, sind in acht Sprachen übersetzt und in 22 Auflagen erschienen. Er verfügt über gute Verbindungen ins Ausland und bittet den Bischof von Potosí in Bolivien, Cleto Loaiza, um Hilfe für seinen jungen Nachbarn. In seiner Freizeit hat Walter ein bisschen Spanisch gelernt, »nur aus Spaß«, und so kann er einen Brief an den Bischof schreiben. Nach bangem Warten erfüllen sich schließlich seine Hoffnungen: Am 4. März 1939 gelingt Walter Fried von Hamburg aus auf der »Patria« die Flucht aus Nazi-Deutschland. Im Gepäck hat er, wie er sich erinnert, »sechs Koffer und eine Kiste, die meisten davon habe ich noch«. Ein paar Dollar und Mark müssen reichen für die lange Reise über Belgien, Panama und Kolumbien bis nach Bolivien.

Die »Patria« ist ein hochmodernes Passagierschiff, das erst ein halbes Jahr zuvor seine Jungfernfahrt absolviert hat. Es kann 349 Passagiere aufnehmen und hat 241 Mann Besatzung; die Maschinenanlage erlaubt eine Geschwindigkeit von siebzehn Knoten. Walter erreicht Bolivien und bemüht sich von dort aus verzweifelt darum, die Eltern nachkommen zu lassen – vergeblich. Seinen Lebensretter sieht er nicht mehr wieder. Josef Holzner, der 1940 zum päpstlichen Geheimkämmerer ernannt wurde, stirbt am 8. November 1947.

Nach Walters Emigration sehen sich seine Eltern zunehmenden Schikanen ausgesetzt: So wird Max Fried im Juni 1939 wegen angeblicher Einkommensteuerhinterziehung zu 2000 Reichsmark Strafe verurteilt, eine absurd hohe Summe angesichts dessen, was er inzwischen als Hilfskraft in einem Ingenieurbüro verdient.

Im September 1939 werden Max und Lilli Fried aus der Wohnung im Färbergraben vertrieben und in ein sogenanntes Judenhaus[58] in der Frundsbergstraße 8 in Neuhausen eingewiesen, in dem mehrere jüdische Familien zwangsweise untergebracht sind. Zwei Jahre später ziehen sie erneut um, wieder nicht freiwillig und auch nicht in eine neue Wohnung.

Ihre letzte Adresse in der Clemens-August-Straße 9 wird schönfärberisch »Heimanlage für Juden« genannt. Bei der in einem Gebäude der Barmherzigen Schwestern untergebrachten Einrichtung in Berg am Laim handelt es sich um eine Massenunterkunft für 300 jüdische Männer, Frauen und Kinder. Von hier aus werden die Juden in die verschiedenen Vernichtungslager deportiert. Vorerst teilt man Lilli und Max als Zwangsarbeiter der Firma A.& R. Kammerer GmbH Telef. u. Apparate-Bau München zu; Max ab 15. Mai 1942, Lilli schon ab 29. August 1941. Diese Tätigkeit endet für beide am 6. März 1943.

10.

München. Das Bild der Stadt, in der ich fast fünfzehn Jahre gelebt habe, hat sich durch meine Recherche verändert. Ich sehe nicht mehr nur die Schauplätze meiner unbeschwerten Studentenzeit, die Leopoldstraße, den Englischen Garten, den Marienplatz oder die Isarauen; ich sehe nun auch die Orte, an denen sich deutsche Geschichte abgespielt hat – und Teile meiner Familiengeschichte.

»Hauptstadt der Bewegung« muss ich immer wieder denken und wie wenig ich bisher darüber wusste, was hier passiert ist. Nun versuche ich, mir vorzustellen, wie es damals in München ausgesehen hat. Ich sehe die Menschen in der Mode der Dreißigerjahre, die Frauen in geknöpften Kleidern mit Strickjacken, in Söckchen und klobigen Riemenschuhen, mit hochgesteckten Seitenwellen, geflochtenen Haarkränzen. Die Männer tragen altmodische Anzüge mit Westen oder Uniform. Ich sehe die Autos aus der Zeit, schöne, imposante Autos, wie sie heute auf Oldtimer-Ausstellungen zu bestaunen sind. Dazwischen fahren Fahrräder, werden Leiterwagen gezogen, auch einzelne Pferdekarren sehe ich.

Wie haben die Menschen damals gelebt? Wie sahen die Geschäfte aus, in denen sie eingekauft haben? Wie haben sie gefühlt, gedacht, gesprochen? Wie sah das Leben nach 1939 aus, als in ganz Europa Millionen Menschen starben, an der Front und später in den Vernichtungslagern?

Ich wandere weiter, stoße immer wieder auf bekannte Adressen.

Frundsbergstraße 8, München-Neuhausen, das »Judenhaus«. Hier haben Lilli und Max Fried gewohnt, im Hochparterre links. Ich blicke an der Fassade hinauf. Ein schöner, gepflegter Altbau. Sicher sind die Wohnungen heute sehr begehrt. Neuhausen ist ein beliebter Stadtteil, viel Grün, ruhige Straßen, nette Geschäfte. Gleich um die Ecke liegt das »Café Freiheit«, in dem ich früher oft saß, ganz in der Nähe habe ich mal gewohnt.

In der Herzog-Max-Straße, hinter dem Künstlerhaus am Lenbachplatz, wo ich viele Male bei Faschingsbällen oder Empfängen war, befand sich jahrzehntelang nur eine Parkgarage. Jetzt hat ein Kaufhauskonzern darauf gebaut. Inzwischen weiß ich, dass an dieser Stelle einst die Münchner Hauptsynagoge stand, die im Juni 1938 auf Befehl des »Führers« abgerissen wurde.

Färbergraben, beim Altheimer Eck. Irgendwo hier muss das Haus gewesen sein, in dem Onkel Walter aufgewachsen ist. Heute ist dort die Deutsche Journalistenschule untergebracht, an der mein Bruder Nico studiert hat.

Feldherrnhalle. Schauplatz des gescheiterten Hitlerputsches[59] am 8. und 9. November 1923, im Nazi-Jargon »Marsch auf die Feldherrnhalle« genannt, bei dem sechzehn Putschisten, vier Polizisten und ein Passant ihr Leben verloren.

Als Studenten saßen wir oft auf den Stufen zwischen den steinernen Löwen, rauchten selbstgedrehte Zigaretten und sahen dem Treiben auf dem Odeonsplatz zu, bis eine Polizeistreife uns vertrieb.

Ludwigstraße, Universitätshauptgebäude. Das kenne ich nicht nur vom Studium, sondern auch aus dem Film *Die weiße Rose* von Michael Verhoeven, in dem meine Freundin Lena Stolze die Rolle der Sophie Scholl gespielt hat. Da die Ulmerin Sophie Scholl Schwäbisch sprach und rauchte, bat mich Lena vor Beginn der Dreharbeiten, ihr beides beizubringen. Ich übte also mit ihr, wann im Schwäbischen das »sch« und das »le« verwendet wird und wie man eine Zigarette richtig hält.

Meine Eltern waren nach dem Krieg recht gut mit der Schwester von Hans und Sophie Scholl, Inge Aicher-Scholl, bekannt. Zum 70. Geburtstag meines Vaters 1976 schrieb sie ihm einen Brief, in dem es heißt: »Als ich die Einladung zur Feier Ihres 70. Geburtstages vor mir liegen hatte, bemächtigte sich meiner eine merkwürdige Verblüffung. Ich kapitulierte vor dem Maß der Zeit, mit dem man Menschenleben misst. Für mich ist und bleibt Kurt Fried identisch mit demjenigen aus der herrlich offenen Zeit nach dem Krieg, mit dem Kurt Fried, der mit Ideenreichtum und beinahe überschäumendem Elan Dinge im Stadt- und Kulturleben von Ulm in Bewegung setzte. Ich glaube, diesen Elan hat bei Ihnen keine Resignation auslöschen können, wie bei manchen anderen.« Der Brief endet mit »herzlichen Grüßen und Wünschen, Ihre Inge Aicher-Scholl«.

Ich erinnere mich an einige Besuche im Haus der Familie Aicher-Scholl, als sie noch in Ulm wohnte. Einige Zeit ging ich sogar mit der Tochter Pia in dieselbe Schule. Vom Schicksal der Geschwister Scholl, immerhin Pias Tante und Onkel, wurde nicht gesprochen. Was genau mit ihnen passiert war, erfuhr ich erst viel später: als ich im Kino *Die weiße Rose* sah.

Das Viele, das ich von meinem Vater nicht wusste, beschäftigt mich unablässig. Ich frage meine Mutter. Sie war, bis zu seinem Tod, 24 Jahre mit ihm verheiratet. Irgendetwas muss er ihr doch erzählt haben.

»Nein«, sagt sie, »er hat nicht gesprochen. Natürlich habe ich gefragt, ich wusste ja, dass seine Familie verfolgt worden ist, aber er hat so gut wie nichts erzählt. Genauso wenig wie dein Großvater. Mit dem habe ich mich gut verstanden, der hat mich gemocht. Aber über dieses Thema konnte man mit beiden nicht reden. Ich habe dann angefangen, selbst nachzuforschen, habe viel über die Zeit gelesen, mich mit den Nazi-Verbrechen beschäftigt. Irgendwann, du warst ein paar Monate alt, bin ich mit dir auf dem Arm umhergegangen und habe immer an die toten jüdischen Frauen denken müssen, denen die Nazis ihre lebenden Babys in die Massengräber nachwarfen. Da habe ich gewusst, ich muss damit aufhören.« Und dann sagt sie: »Aber Judentum ist ein Lebensthema für mich geblieben.«

Ich habe den Eindruck, sie ist regelrecht erleichtert, dass nun ich Antworten auf die vielen Fragen finden will, die in all den Jahren mit meinem Vater unbeantwortet geblieben sind.

Sie sucht für mich zusammen, was sie an Unterlagen von ihm aufgehoben hat: amtliche Dokumente, Tagebuchaufzeichnungen, Briefe, Notizen.

Unzählige Male rufe ich sie an und frage, ob sie sich an dieses Ereignis, jenen Namen erinnere. Geduldig erzählt sie mir alles, was sie weiß. Auf meine Bitte hin beantragt sie im Württembergischen Staatsarchiv Ludwigsburg Einblick in die Wiedergutmachungsakten[60] meines Vaters und meines Großvaters – und ist überrascht, wie schnell und zuvorkommend ihr Antrag bearbeitet wird.

Sie erzählt mir, wie sie in den Jahren nach dem Krieg sogar im Freundes- und Bekanntenkreis auf Unverständnis und Ablehnung stieß, wenn sie die Nazi-Zeit und die Judenverfolgung zur Sprache brachte. »Niemand wollte mehr was davon hören. Die einen nicht, weil sie Täter oder Mitläufer gewesen waren. Die anderen nicht, weil sie sich schämten, Opfer gewesen zu sein. Alle wollten nur nach vorne schauen und sich bloß nicht mehr mit Vergangenem beschäftigen. Jeder, der das nicht wollte, war geradezu verdächtig.«

Mir fällt ein, was Elie Wiesel in seinem Gespräch mit Jorge Semprún dazu gesagt hat: »Man wollte uns einfach nicht zuhören. Weil wir eine Schande für die Menschheit waren. [...] Weil sich mit uns ein Abgrund aufgetan hat, der Abgrund der Menschheit. Wir haben bewiesen, wozu der Mensch fähig ist.«

Jorge Semprún sagt: »Die Therapie des Vergessens hat eine Zeitlang eine beruhigende Wirkung ausgeübt. […] Und je mehr ich schreibe, desto lebendiger werden meine Erinnerungen, aber natürlich kommt auch die Angst wieder hoch …«

Hierin liegt sicher eine Erklärung für das Jahre oder Jahrzehnte dauernde Schweigen vieler Betroffener: Sie mussten die Dämonen ihrer Erinnerung erst einmal wegsperren, weil sie sonst gar nicht lebensfähig gewesen wären. Manche haben es irgendwann geschafft, sich ihren Erinnerungen zu stellen, haben darüber gesprochen oder geschrieben. Andere nicht.

Auch wenn wir, ihre Kinder und Enkel, ratlos oder sogar wütend über ihr Schweigen sind, müssen wir versuchen, es zu verstehen.

11.

1939. Im März, während mein Großvater noch im KZ Welzheim ist, wird die Scheidung von seiner Frau rechtskräftig.

Man kann diese Scheidung beim besten Willen nicht als »freiwillig« bezeichnen. Der Entschluss dazu kam – wie so vieles – unter dem Druck der Verhältnisse zustande, der das Gefühl entstehen ließ, es gäbe keine andere Lösung. Trotzdem würde ich mir wünschen, meine Großmutter hätte diesem Druck nicht nachgegeben und zu meinem Großvater gehalten.

Dr. Hahn, der Rechtsbeistand meiner Großmutter im Scheidungsverfahren, gibt nach dem Krieg zu Protokoll, es habe sich um eine »Scheidung pro forma« gehandelt, die Klage sei »auf Scheingründen aufgebaut und von den Eheleuten verabredet gewesen«. Von einer »Zerrüttung« der Ehe (so der offizielle Grund für das Scheidungsbegehren) habe »keine Rede« sein können. Immerhin hat meine Großmutter nicht – wie damals durchaus üblich – »rassische Gründe« angegeben. »Rassische Gründe« galten als Garantie für eine schnelle und unkomplizierte Scheidung von einem jüdischen Ehepartner.

Als mein Großvater im April 1939 aus Welzheim freikommt, kehrt er – wie zuvor vereinbart – nicht nach Ulm zurück, sondern geht nach München. Aus seiner Meldekarte geht hervor, dass er ab dem 5. April 1939 für fünf Monate bei Julius Marx in der Corneliusstraße 2, 2. Stock, wohnt. Marx ist ein jüdischer Schuhhändler, vermutlich ein Geschäftsfreund. Er ist verheiratet und hat ein Jahr zuvor seine einzige Tochter verloren, die 14-jährige Lisl Karola. Deshalb ist Platz in der Wohnung, und er kann seinen Freund aufnehmen.

Es ist ziemlich sicher, dass mein Großvater in dieser Zeit regelmäßig Kontakt zu seinem Bruder Max hatte, der damals noch im Färbergraben wohnte, keine fünf Minuten zu Fuß entfernt. Das große Thema zwischen den beiden muss die Emigration gewesen sein. Walter hatte wenige Wochen zuvor Deutschland verlassen, Max und Lilli hofften, ihrem Sohn bald nach Bolivien folgen zu können.

Und mein Großvater war ja gezwungen, seine Emigration unter Hochdruck zu betreiben. Gleich nach seiner Ankunft in München wendet er sich, wie zuvor schon Walter, an Rudolf Cohen, der eine Karte für seine Geheimdatei anlegt. Die mikroskopisch kleinen handschriftlichen Notizen, die Cohen sich bei den Treffen mit Walter, meinem Großvater und weiteren mehr als 300 Hilfesuchenden gemacht hat, sind erhalten – und zufällig während der Zeit meiner Recherche im Münchner Stadtarchiv gelandet.

Mein Großvater hofft, zu einem deutschen Bekannten namens Alfons Häussler nach Rolandia in Brasilien ausreisen zu können.

Das tausend Kilometer von Rio entfernte Rolandia ist eine Gründung von Flüchtlingen aus Nazi-Deutschland. Oft gut betuchte großbürgerliche Emigranten landen mit ihrem Schmuck und Tafelsilber vom Berliner Kurfürstendamm oder der Münchner Maximilianstraße buchstäblich in der Palmito-Hütte mitten im brasilianischen Urwald. Trotz der Erleichterung, überlebt zu haben, ist das für viele ein Schock.

Alfons Häussler besitzt dort eine Sägemühle, in der mein Großvater eine Anstellung zu finden hofft. Cohen berät meinen Großvater und notiert: »Frist von 2 Monaten, KZ auf Lebenszeit vom 1 April ab laufend.«

Die Gestapo hat also nicht vergessen, meinem Großvater bei der

Diese Notizen machte sich Rudolf Cohen beim Gespräch mit meinem Großvater, der hoffte, nach Brasilien emigrieren zu können. Andernfalls drohte ihm das KZ.

Entlassung aus Welzheim noch einmal unmissverständlich klarzumachen, was ihm droht, wenn er Deutschland nicht innerhalb von zwei Monaten verlässt: lebenslanges KZ.

Weiter unten in Cohens Notizen heißt es: »… eventuell für Altersheim vormerken, je nach Aussichten für Brasilien.«

Die Übersiedlung ins Jüdische Altersheim in München hätte für meinen Großvater mit größter Wahrscheinlichkeit den Tod bedeutet: So gut wie alle Insassen wurden später deportiert und ermordet.

Cohen verweist ihn an Johannes Zwanzger, der seit 1939 Leiter der »Münchner Hilfsstelle für nicht-arische Christen« bei der evangelischen Inneren Mission ist. Der protestantische Pfarrer versuchte mit allen ihm zur Verfügung stehenden Mitteln bei der Auswanderung und der Verschickung von Kindern ins rettende Ausland behilflich zu sein. Dabei war er als »Vierteljude« stets selbst den Schikanen der Gestapo ausgesetzt.

Johannes Zwanzger soll den Brasilien-Plan für meinen Großvater verfolgen. Doch die Sache verläuft im Sande, offenbar kommt nicht einmal eine Antwort vom brasilianischen Konsulat. Man ist an der Einreise weiterer Juden nicht interessiert, wie schon das bewusst herbeigeführte Scheitern der »Brasil-Aktion« gezeigt hat. Und als über 60-Jähriger hat mein Großvater ohnehin keine Chance.

12.

Mein Vater hat inzwischen seinen Wehrdienst angetreten. Als Einstellungstag steht in seinem Wehrpass der 7. Februar 1939. Später wird es so dargestellt, als hätte er sich freiwillig gemeldet, um für meinen Großvater eine Haftverschonung zu erreichen. Dagegen spricht, dass mein Vater bereits in seinem Lebenslauf vom 30. November 1938 – also vier Wochen vor der Verhaftung meines Großvaters – erwähnt, dass er ab Februar zu einer dreimonatigen Übung beim Ergänzungs-Bataillon Tübingen bestimmt wurde. Es kann also keinen Zusammenhang zwischen seinem Wehrmachtseintritt und der Entlassung meines Großvaters aus Welzheim geben.

In der Wiedergutmachungsakte meines Großvaters heißt es etwas vage, »durch seinen Sohn« habe er nach München gehen können. Es gibt aber keinen Hinweis, dass mein Vater auf irgendeine Weise versucht hätte, die Entlassung meines Großvaters zu erreichen. Worin hätte eine solche Intervention auch bestehen können? Als »jüdischer Mischling« und einfacher Gefreiter wäre er wohl kaum erfolgreich gewesen, selbst wenn er es versucht hätte.

Auf der Rückseite der Meldekarte meines Großvaters findet sich aber bezüglich meines Vaters der Hinweis »z. Zt. beim Militär«. Vielleicht gab es die Hoffnung, dass dieser Umstand doch irgendwie nützlich sein könnte.

Ich besitze ein Foto meines Vaters, auf dem er in Uniform posiert, auf einer Treppe stehend, in einer riesigen Hose und zu großen Stiefeln, den schmächtigen Körper in der Uniformjacke gereckt, den

Kopf mit dem Schiffchen aufrecht erhoben, um eine schneidige Haltung bemüht.

Nach drei Monaten ist schon wieder Schluss mit dem Exerzieren, erst am 26. August 1939 – drei Tage nach Unterzeichnung des Hitler-Stalin-Pakts[61] – wird mein Vater im Zuge der »stillen Mobilmachung« wieder eingezogen.

Unter der Überschrift »Im Kriege mitgemachte Gefechte, Schlachten, Unternehmungen« ist in seinem Wehrpass minutiös festgehalten, wann und wo er sein Vaterland verteidigt hat. Es beginnt mit »Abwehrbereitschaft an der Ob.-Heimfront« und »Verwendung im Operationsgebiet der Westfront« und geht bis zu einzelnen Aktionen im Frankreichfeldzug (»Maasübergang bei Fumay und Rovin«, »Abwehrkämpfe an Oise und Aisne-Kanal« und »Kämpfe beiderseits Reims«.)

Mein Vater als Soldat? Eine wahrlich sonderbare Vorstellung. Er, der als Junge jeder Schulhofprügelei aus dem Weg ging, weil er körperlich unterlegen war und alles andere als ein Draufgänger, zieht in den Kampf und schießt Franzosen tot? Das passt überhaupt nicht zu ihm, und ich kann mir nicht vorstellen, dass er ein besonders fähiger Soldat war. Später zitiert er selbst den Ausspruch eines Feldwebels: »Fried, Sie stehen da wie ein eingefallenes Kriegerdenkmal!«

Nach wie vor begreife ich nicht wirklich, was ihn bewogen hat, sich freiwillig zu melden. Hat er gehofft, der »jüdische Mischling« würde in der Wehrmachtsuniform unsichtbar werden, vielleicht sogar verschwinden? Oder der Staat, der ihn und seine Familie bis dahin nur verfolgt und schikaniert hatte, würde sich dankbar zeigen?

Als »Halbjude« in der Wehrmacht zu sein war eine äußerst belastende und widersprüchliche Situation. In dem 2003 erschienenen Buch »Hitlers jüdische Soldaten«[62] erzählen Betroffene erstmals ihre Geschichte. Die meisten von ihnen fühlten sich überhaupt nicht jüdisch, wollten vielmehr als »gute Deutsche« ihre vermeintliche Pflicht erfüllen; viele von ihnen hatten Väter, die bereits im Ersten Weltkrieg gekämpft hatten. Manch einer hoffte, wie wohl auch mein Vater, durch patriotischen Dienst an der Waffe sich und seine Angehörigen vor rassischer Verfolgung schützen zu können. Sie alle berichten von der Angst vor Entdeckung, von Ausgrenzung und demütigenden Erlebnissen mit nicht-jüdischen Kameraden und Vorgesetzten. Manche wurden Zeugen der Judenvernichtung in den besetzten Gebieten, mussten ihr Entsetzen verbergen, womöglich sogar Zustimmung heucheln.

Der Wehrpass meines Vaters

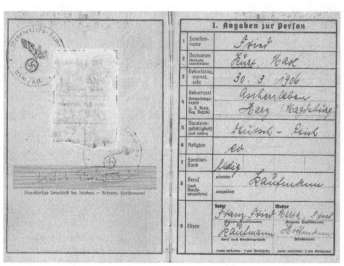

Früher oder später wurden alle aus der Armee entlassen – auch mein Vater.

Im Juli 1940 endet, aufgrund eines Erlasses des Oberkommandos der Wehrmacht vom 8. April 1940, seine Zeit als Soldat. Mein Vater spricht später ironisch von einem »Kronprinzen-Erlass«, womit er sich vermutlich auf den von Hitler verkündeten »Prinzenerlass« bezog, in dem der Fronteinsatz aller Hohenzollernprinzen verboten wurde, nachdem 50 000 Menschen den Tod von Wilhelm Prinz von Preußen beim Frankreichfeldzug betrauert hatten. Nun waren es die »jüdischen Mischlinge 1. Grades«, die aus der Wehrmacht ausgeschlossen wurden, natürlich nicht zu ihrem Schutz, sondern weil der »Führer« sie nicht für wertvoll genug hielt, sich für ihn zu opfern.

Einmal Jude, immer Jude. Da hilft es auch nicht, wenn man sich fürs Vaterland erschießen lassen will.

Am 23. Juni 1942 schreibt mein Vater in sein Tagebuch: »Zwei Jahre seit dem Waffenstillstand mit Frankreich und seit meiner Entlassung aus dem Militärdienst. Immer dichter weben sich die Schleier davor: ›Wir sind aus solchem Zeug, wie das zu Träumen‹ (Shakespeare, Der Sturm).«

Im gleichen Monat zitiert er aus einem Brief, den sein bester Freund Hans M. von der Front an seine Frau schrieb: »Das eine weiß ich: wenn ich wieder heimkomme wird das Leben anders angepackt. Zuerst kommen wir dran und dann erst das Andere und ich lasse mir nichts mehr so leicht entgehen.«

Zu diesen Sätzen bemerkt mein Vater: »Die gleichen Gedanken wie ich sie in den Stunden der Gefahr dachte. Das Leben nützen … und wie rasch bringt der Alltag alles wieder ins Gleichmaß, wie wenig ändern solche Erlebnisse das Innere eines Menschen. Zum Glück, denn was für ein Taumel würde, wenn es anders wäre, nach dem Krieg ausbrechen. [...] Der Mensch ist begabt, die häßlichen und bösen Dinge bald zu vergessen oder doch zurücktreten zu lassen, wenn nur die Sonne wieder zu scheinen beginnt.«

Mein Großvater kann zwischen April und Juni 1939, als er noch Hoffnung auf die Auswanderung hat, auf Vermittlung von Rudolf Cohen einen Kurs in der Kochschule Schwarz[63] belegen. Albert Schwarz ist ein jüdischer Restaurantbesitzer in München, der – nachdem sein koscheres Restaurant Schwarz 1938 geschlossen wird – in der Arcostraße eine Kochschule eröffnet, wo Emigrationswillige ausgebildet werden sollen. Die Beherrschung eines Handwerks erhöht die Chancen, da diese Fähigkeiten in den Einwandererländern gefragt sind.

Als mein Großvater dort anfängt, ist die Schule wegen der großen Nachfrage – im Oktober 1938 hatten sich 240 Personen angemeldet – bereits ins Rückgebäude der Paul-Heyse-Straße 21 umgezogen. Es gibt Kochkurse für kalte und warme Speisen, Konditoreikurse, einen Pralinenkurs, einen Servier- und Kellnerkurs, einen Metzger- und Backkurs sowie einen Eisbereitungskurs, der aber nur im Sommer abgehalten wird. Die monatliche Kursgebühr liegt zwischen 50 und 95 Reichsmark, inklusive Mittagessen. Der Kombinations-Schnellkurs für Auswanderer kostet für 30 Tage bei voller Verpflegung 200 Reichsmark.

Zeitweise dient die Kochschule auch als Speiseanstalt für Juden, die zu öffentlichen Restaurants keinen Zutritt mehr haben.

Walter erzählt, dass auch Max, während er auf die Ausreise nach Bolivien hoffte, einen Kurs bei Schwarz gemacht hat – wohl zur gleichen Zeit wie mein Großvater. Walter bezweifelt, dass sein Vater sonderlich begabt fürs Kochen war: »Er konnte nicht mal eine Tasse Tee zubereiten.«

Ich weiß nicht, was mein Großvater dort gelernt hat – kochen, backen, kellnern oder Tiere schlachten. Auf jeden Fall bringt auch dieser Versuch ihn nicht ans gewünschte Ziel; er muss seine Emigrationspläne aufgeben. Damit ist er erneut in großer Gefahr.

Meine Großeltern haben nach ihrer Scheidung keinen direkten Kontakt; sie halten den Anschein der zerrütteten Ehe aufrecht. Anneliese, inzwischen eine junge Frau von Anfang zwanzig, fährt ein- oder zweimal monatlich mit dem Zug von Ulm nach München, um den Vater zu treffen. Als die Nahrungsmittel rationiert werden, bringt sie ihm Lebensmittelmarken, die sie und meine Großmutter sich »vom Munde abgespart haben«, denn Juden erhalten keine Lebensmittelmarken.

Es gibt ein Foto von Vater und Tochter aus dieser Zeit. Beide sind fein gemacht, Anneliese trägt eine weiße Rüschenbluse, mein Großvater eine schicke Fliege, es ist ein Sommertag wie aus dem Bilderbuch. Auf dem Foto sehen die beiden aus, als verlebten sie unbeschwerte Ferien.

Ab Januar 1940 arbeitet mein Großvater bei einem Uniformschneider, was ihn – zumindest zeitweise – vor erneuter KZ-Haft bewahrt: Es handelt sich um einen sogenannten kriegswichtigen Betrieb.

Ab März 1941 wird er zwangsweise zum Bau des Barackenlagers Milbertshofen[64] in der Knorrstraße 148 herangezogen, wo jüdische Arbeitskräfte 18 Baracken für 1100 Personen errichten müssen. Das Lager steht unter der Kontrolle der »Arisierungsstelle« des Gauleiters[65], die von den Lagerinsassen eine tägliche Wohngebühr verlangt und »freiwillige Spenden zum Bau des Lagers« erpresst – mehr als eine halbe Million Reichsmark, ein Vielfaches der Baukosten.

Der ursprüngliche Zweck des Barackenlagers ist die Gettoisierung der Münchner Juden, die seit Ende 1938 systematisch aus ihren Häusern und Wohnungen vertrieben werden, um Platz für »arische« Interessenten oder »verdiente Parteigenossen« zu schaffen.

Ab Ende 1941 dient es als Auffang-, Kontroll- und Durchgangslager für Juden aus ganz Süddeutschland, die vom nahen Güter-

Im Barackenlager Milbertshofen, wo mein Großvater Zwangsarbeit leistete

bahnhof aus in die Vernichtungslager transportiert werden. Der erste Transport in den Tod verlässt München im November 1941. Etwa 1000 Männer, Frauen und Kinder werden wenige Tage später im litauischen Kaunas ermordet, darunter Julius Marx, der Geschäftsfreund meines Großvaters aus der Corneliusstraße.

Das Schicksal führt die Brüder Franz und Max Fried ein letztes Mal zusammen. Für fünf Monate leben sie wieder unter einem Dach. Lilli und Max Fried sind seit einem Jahr in der Clemens-August-Straße 9, als mein Großvater im Herbst 1942 dort eingewiesen wird.

Der Historiker Andreas Heusler schreibt: »Der Alltag im Klostergebäude war schwierig. Die aus ihren vertrauten Wohnungen vertriebenen Menschen wurden hier auf engstem Raum zusammengepfercht. Zwar bemühten sich die Schwestern nach Kräften, das schwere Los der bedrängten Juden zu erleichtern. Dennoch waren die physischen und psychischen Belastungen enorm. Viele der meist schon älteren Menschen waren zur Zwangsarbeit verpflichtet worden und mussten täglich beschwerliche Wege zu ihren Arbeitsstätten bewältigen. Immer wieder wurde die Zwangsgemeinschaft durch neue Transporte dezimiert. Aus Angst und Verzweiflung über Bevorstehendes nahmen sich zahlreiche Bewohner der ›Heimanlage‹ das Leben. Else Behrend, die mit der Leitung der ›Heimanlage‹ beauftragt war, vertraute am 26. Juli 1942 ihrem Tagebuch an: ›Mein Leben ist zur Hölle geworden; ich schleppe mich nur noch mühsam durch die Tage. Woche für Woche kommen am Freitag die Listen der zu Deportierenden, und nicht nur Alte, die nach Theresienstadt kommen, auch nach Polen gehen die Deportationen weiter.‹«[66]

Es fällt schwer, sich ein Leben vorzustellen, von dem alle wissen, dass es mit größter Wahrscheinlichkeit die letzte Station vor dem Tod sein wird. Worüber sprechen Franz und Max, wenn sie sich sehen? Tauschen sie Erinnerungen aus? Versuchen sie, sich abzulenken und aufzuheitern? Oder sind sie gefangen in Angst und Resignation, jeder für sich allein?

Immer freitags kommen die Listen mit den Namen der Menschen, die sich für den Abtransport bereithalten sollen. An einem

Israelitische Kultusgemeinde München
Körperschaft des öffentlichen Rechts
REICHENBACHSTRASSE 27
Fernsprechnummer 21316-18

Bankkonten:
H. Aufhäuser München, Löwengrube 18/20
Allgemeines Konto Nr. 21286
Wohlfahrtskonto Nr. 21663
Bestattungskonto Nr. 21253
Postscheckkonto Nr. 79040

180

MÜNCHEN, DEN   195

Von MÜNCHEN nach AUSCHWITZ deportierte Personen am 13.3.1943

Jenny geb.Tannenbaum	1. 7.83		Clemens Aug.Str.9
Nathan	4. 6.73		"
Regina geb. Reich	9.10.86		"
Berta geb.Libschütz	18. 3.92		"
Max	21. 2.82		"
Gertrud	28.11.95		"
Sally geb.Herz	19. 7.93		"
Heinz	30.12.34		"
Lotte geb.Hermann	17. 8.00		"
Else geb. Loewi	3. 3.97		"
Ruben	28. 6.39		"
Johanna geb.Dahlheimer	24. 5.81		"
Amalie	15. 1.00		"
Dr.Bruno	8. 4.06		"
Reisa geb.Saposchnik	26.10.95		"
Arthur	28. 5.86		Lindwurmstr. 125
Luise	31.10.90		"
Lilly geb.Schwarzschild	27.10.87		Cl. August Str. 9
Max	12.10.79.Wien		"
Mary	29. 8.30		"
Erna	12. 8.87		"
Max	11. 4.78		Berg am Laim
Arthur	14. 6.87		Ainmillerstr.29
Anni geb.Weinberg	5. 3.92		Clem. Aug.Str. 9
Dr. Lilly (evang)	25. 4.95		"
Erich	29. 9.12		"
Sigmund	6.12.83		"
Irma geb.Kuh	14. 3.02		"

Freitag im März 1943 stehen die Namen von Max und Lilli Fried auf der Liste. Am 13. März 1943 werden sie deportiert.

Ob die Brüder sich verabschieden konnten? Ob sie sich einen letzten Blick zugeworfen haben? Man möchte sich diesen Augenblick nicht vorstellen.

> Amtsgericht München, Beschluss vom 22.11.1954: Es werden für tot erklärt die Verschollenen Fried Max, Fried Lilli, zuletzt wohnhaft Clemens-August-Straße 9, beide seit Deportierung nach Auschwitz am 13.3.1943. Antragsteller: Sohn Walter Erich Fried, Chicago.

Am 30. März 1943 kann mein Großvater das Sammellager in der Clemens-August-Straße verlassen, das offiziell seit dem 1. März aufgelöst ist. Er meldet sich in der Lindwurmstraße 125. Dort ist die »Bezirksstelle Bayern der Reichsvereinigung der Juden in Deutschland« untergebracht. In dem Gebäude der ehemaligen Tabakfabrik Abeles GmbH befand sich bis zur erzwungenen Schließung im Juni 1942 der letzte Münchner Betsaal. Im ersten Stock sind noch einige Wohnräume für Juden, wo er vorerst unterkommt. Aber die endgültige Auflösung der Bezirksstelle ist nur eine Frage der Zeit. Im Juni 1943 ist es so weit: Die israelitische Kultusgemeinde München existiert nicht mehr.

Ab 1. Mai 1943 findet mein Großvater einen Unterschlupf in der Schellingstraße 1/0 bei Prof. Oehminger. Danach ist er noch unter folgenden Adressen gemeldet:

– Seidlstraße 22/III bei Bernhardt, seit 6.5.1944
– Amalienstraße 19/II bei Alois Schmid, Redakteur, seit 1.9.1944
– Knöbelstraße 18/I bei Huber, seit 9.11.1944

13.

Im Sommer 1942 muss mein Vater in München gewesen sein, denn es findet sich folgender Tagebucheintrag:

»Garmisch, 10. August. Pallas Athene mit leuchtenden Augen in der Gestalt eines entzückenden blonden Mädchens steigt ein und setzt sich neben mich. Ich nehme es als gutes Odem [gemeint: Omen] für die kritischen Dinge, die mich in München bedrohen.

München, den 11. August: Übermenschen und Untermenschen, aber keine Menschen.«

Mit keinem weiteren Wort berichtet mein Vater, was genau ihn in München bedroht und was er dort erlebt hat.

Nach einem weiteren Besuch dort, ein gutes Jahr später, notiert er:

»19.–21. September: »Die Nacht nach der, welche ich im ›Blauen Bock‹ in München verbrachte, war der große Luftangriff. Er forderte 123 Todesopfer.«

Es muss die Nacht vom 5. auf den 6. September gewesen sein, die er in München verbracht hat, denn in der darauffolgenden Nacht gab es einen Luftangriff der Royal British Airforce.

Die Tatsache, dass er verschont geblieben ist, kommentiert er mit den Worten: »Schrecken und Tod flieht mich immer noch, wie schon in Frankreich.«

Er ist sich also bewusst, wie viel Glück er – trotz allem – bisher gehabt hat. Immerhin hat er seinen Fronteinsatz lebend und unverletzt überstanden.

Abgesehen von diesen wenigen konkreten Mitteilungen flüchtet er sich in seinen Tagebucheinträgen fast durchgehend in Gedanken über Bücher, Schilderungen von Gesprächen, Darstellungen von Kirchen oder anderen Sehenswürdigkeiten und philosophische Betrachtungen, denen man höchstens zwischen den Zeilen entnehmen kann, was ihn persönlich bewegt.

Zum einen, so denke ich, wird es Vorsicht gewesen sein – immerhin hat er absolutes Schreibverbot und muss ständig fürchten, Ziel einer Durchsuchung zu werden, deshalb kürzt er auch die Namen von Personen fast durchgehend mit den Initialen ab. Zum andern war es seine Form der inneren Emigration, eine Flucht in die Welt des Geistigen.

Ob er bei seinen Besuchen in München seinen Vater getroffen hat? Ob sie je darüber gesprochen haben, was die Scheidung für meinen Großvater bedeutete?

Die beiden hatten nie ein sehr inniges Verhältnis; mein Großvater, der bodenständige Kaufmann, hatte wenig Verständnis für den Bildungshunger seines Sohnes. Und der fühlte sich zu Menschen hingezogen, die gebildeter waren und seine kulturellen Interessen teilten.

Im Juni 1943 notiert mein Vater in seinem Tagebuch: »Es gibt Menschen, deren bloße Gegenwart beglückt. Ernst Reisinger gehört zu ihnen. Wie schön ist er gar im Zorn, wenn er sich aufregt, ein Gespräch verschlafen zu haben, bei dem er dabei sein wollte. Warum hat mir die Fügung nicht einen solchen Vater gegeben.«

Aber unabhängig davon, wie groß die Fremdheit zwischen Vater und Sohn gewesen sein mag – das Schicksal meines Großvaters muss meinen Vater beschäftigt, wenn nicht gequält haben. Vielleicht führten gerade seine Schuldgefühle zu einer weiteren Entfremdung.

In Ulm geht inzwischen der Kampf um den Erhalt des Schuhhauses Pallas weiter, dessen Geschäftsführer, seit seiner Entlassung aus der Wehrmacht, mein Vater ist.

Meine Großmutter sieht sich im Dezember 1942 wegen der anhaltenden Hetze gegen sie und ihren angeblich jüdischen Laden gezwungen, Paul Kapferer, den Verlobten von Anneliese, als Teilhaber aufzunehmen. Das Geschäft wird in eine offene Handelsgesellschaft umgewandelt.

Wie alle bisherigen Versuche, endlich das Stigma des »jüdischen Geschäftes« loszuwerden, scheitert auch dieser. Die Behörden zeigen sich unbeeindruckt, im Januar 1943 bezeichnet der Kreisleiter das Schuhhaus Pallas erneut als »jüdische Tarnung«. Um es zu retten, macht meine Großmutter einen letzten, verzweifelten Versuch: Sie benennt zwei neue Kommanditisten[67] für das Geschäft, die Verlobte meines Vaters, Else Gotsmann, und Paul Kapferers Bruder Adolf – einen Unterscharführer in der Waffen-SS. Mit ihm, so hofft sie, wird der Ärger ein Ende haben. Von einem Angehörigen der SS werden sich die Nazis doch endlich überzeugen lassen!

Mein Vater ist unzufrieden mit der neuen Situation, versteht sich nicht mit seinem zukünftigen Schwager Paul Kapferer. In einem Tagebucheintrag vom 17. Juni 1942 schreibt er: »Mit P. K. zerstritten und vorzeitig zu Bett gegangen. [...] Ich hasse diesen Typ des Moneymakers, der nur arbeitet um möglichst viel Geld zu verdienen und denke vielmehr, daß man eine Arbeit ›um ihrer selbst willen‹ tun müsse, weil durch sie etwas Sinnvolles geschaffen wird. Ist es etwa nicht sinnvoll, wenn ich mich bemühe, für die Bevölkerung von U. [gemeint ist Ulm] während des Krieges möglichst viel und möglichst einwandfreie Schuhe beizubringen? Damit tue ich etwas, was meinen Mitmenschen nützt. Wenn ich aber irgend einen Unsinn herstelle oder vertreibe, so mache ich nur Geld. Deshalb kann P. K. auch seine Tätigkeit von Monat zu Monat wechseln, ohne daß es ihn berührt, ob er ›Duftkissen‹ herstellt, einem Großbetrieb die Buchhaltung führt, Zahnpasta vertritt, Waschmittel verkauft [...] usw. usw.«

Gerade diese von meinem Vater kritisierte »Moneymaker«-Mentalität Kapferers ist es aber, die den Betreibern des Schuhhauses Pallas immer wieder aus der Patsche hilft: Er ist es, der am meisten vom Geschäft versteht; mit Einfallsreichtum und guten Beziehungen kann er das Unternehmen erstaunlich lange halten. Gleichzeitig schafft er unauffällig Ware aus dem Laden und bunkert sie in verschiedenen Verstecken in der Nähe von Ulm. In den Hungermonaten nach dem Krieg dienen diese Schuhe als begehrte Tauschware für Lebensmittel.

Paul Kapferer soll es auch gewesen sein, der seine Bekanntschaft mit dem bereits erwähnten Münchner Uniformschneider dazu nutzte, meinen Großvater aus dem KZ Welzheim zu holen. Angeblich bat er den Schneider, Franz Fried als Arbeiter für seinen kriegswichtigen Betrieb anzufordern – so Annelieses Erinnerung. Die Daten sprechen allerdings gegen diese Version: Franz Fried wurde im April 1939 aus Welzheim entlassen, begann seine Arbeit bei dem Uniformschneider nach eigener Aussage aber erst im Januar 1940. Wahrscheinlicher ist, dass Paul Kapferer sich für seinen zukünftigen Schwiegervater einsetzte, nachdem dessen Emigrationspläne gescheitert waren und ihm erneut KZ-Haft drohte (also etwa ab Herbst 1939). Ab Januar 1940 konnte Franz Fried dann im Betrieb des Schneiders beginnen.

Kapferer ist eine schillernde Figur. Er betrügt Anneliese nach Strich und Faden, aber Anneliese – »froh, einen Mann zu haben, obwohl sie jüdisch ist« (wie ihre Enkelin Verena sie zitiert) – lässt sich mit Rücksicht auf das Geschäft und die Familie seine Eskapaden gefallen und heiratet ihn nach Kriegsende, am 16. September 1945.

Nicht einmal die Hochzeitsnacht habe er mit ihr verbracht, erzählt sie später ihrer Enkelin, sondern mit einer anderen Frau. Erst als Paul Kapferer eines Tages eine Geliebte in die eheliche Wohnung einquartieren will, hat Anneliese genug und verlässt ihn.

Ihr Leben als alleinerziehende, berufstätige Mutter ist schwierig; sie muss ihren kleinen Sohn Bernd in fremde Obhut geben, sieht ihn nur am Wochenende. Dann macht sie Ausflüge und Wanderungen mit ihm, gelegentlich auch in Gesellschaft eines Freundes oder Verehrers. Bernd wehrt sich heftig gegen die Männerbekanntschaften seiner Mutter und ist unglücklich, als sie Karl Prange heiratet. Später stellt Anneliese den 16-Jährigen, der sich mit dem Stiefvater nicht versteht, kühl vor die Wahl: »Entweder du verträgst dich mit Karl, oder du ziehst aus.«

3. April 1943. Das Württembergische Wirtschaftministerium verfügt die Schließung des Schuhhauses Pallas. Als offizieller Grund für diese Maßnahme wird die Inanspruchnahme der Geschäftsräume zu kriegswichtigen Zwecken angegeben, tatsächlich stehen sie aber bis zur Zerstörung durch den Bombenkrieg leer. Das eigentliche Ziel ist, die Familie Fried endgültig aus dem Wirtschaftsleben der Stadt auszuschalten. Alle anderen Ulmer Betriebe, die Juden gehörten, sind seit dem 1.1.1939 »liquidiert« oder »arisiert«.

Paul Kapferer protestiert mehrfach gegen die Anordnung, aber ihm wird erklärt, dass die Kreisleitung Ulm der NSDAP die Schließung aus politischen Gründen verlange. Es handle sich um einen getarnten, »jüdisch versippten« Betrieb. Wohlgemerkt: Keiner der Gesellschafter ist mehr Jude und Martha Fried bereits seit vier Jahren von ihrem jüdischen Ehemann geschieden.

Mein Onkel, der »Moneymaker« Paul Kapferer (re.), der mit großem Einsatz mithalf, das Schuhhaus Pallas vor dem Zugriff der Nazis zu retten. Daneben mein Cousin Bernd

Martha und Kurt Fried werden gezwungen, den restlichen Warenbestand günstig an die Konkurrenz zu veräußern. Der gesamte Schaden, der meinen Großeltern durch die Schließung des Geschäfts entstanden ist, wird später auf über 70 000 Reichsmark beziffert. Als Wiedergutmachung erhält mein Großvater 1951 schließlich 2000 DM. Und auch das nur, nachdem er mehrfach die Zahlung anmahnt, so in einem Schreiben vom 5. September an den Schlichter für Wiedergutmachung beim Amtsgericht Ulm:

»Vor 2 Monaten schon wurde mir bei meiner Vorsprache von Ihrer Referentin Frau Stanglmaier zugesichert, dass die Auszahlung des mir von der Landesbezirksstelle f. d. Wiedergutmachung in Stuttgart zugesagten Betrages von DM 2000.– in allernächster Zeit erfolgen würde. Leider ist dies jedoch bis heute nicht geschehen. Sie wollen mir nunmehr bitte postwendend mitteilen, an welche Stelle ich Beschwerde einreichen kann, da ich nicht gewillt bin, einen mir zustehenden Betrag gewissermaßen als Almosen endlich zugewiesen zu erhalten, wenn die untergeordnete Behörde sich endlich dazu bemüßigt fühlt. Hochachtungsvoll, Franz Fried.«

Mit dem Tag der Schließung endet auch das Beschäftigungsverhältnis meines Vaters als Geschäftsführer im Schuhhaus Pallas. Im August 1943 kommt er in den »Rüstungseinsatz«, den er zu seinem Glück bei der Firma Gebrüder Kapferer in Buch bei Illertissen, nicht weit von Ulm, ableisten kann. Das Unternehmen gehört der Familie seines zukünftigen Schwagers und Schwipp-Schwagers – bei allen Mentalitätsunterschieden der Familien Kapferer und Fried hält man in der Not zusammen. Mein Vater ist als Hilfsarbeiter mit dem chemisch-maschinellen Schärfen von Feilen und mit dem Ansetzen von Entrostungsmitteln beschäftigt – »kriegswichtige« Tätigkeiten, die ihn dennoch nicht vor Schlimmerem bewahren können.

Mein Vater hat in seinem Leben nicht viele enge Freunde gehabt, aber es gab einen, den er liebte wie einen Bruder: Hans M. (seinen Nachnamen konnte ich nicht herausfinden). Meine Mutter sagt, Hans sei vielleicht der Mensch gewesen, der ihm am nächsten war.

Am 17. August 1942 schreibt mein Vater ihm einen Brief:

Lieber Hans, Annel [Hans' Ehefrau] gab mir den Brief zu lesen, in dem Du schreibst, Du seiest wie durch ein Wunder dem Tode entgangen. An diesem Tage habe ich an alle unsere Gespräche und Erlebnisse gedacht und wie tapfer und selbstlos Du immer zu mir gestanden bist. Und am Abend habe ich Dich noch inniger in mein Gebet eingeschlossen.
Fürchte nichts, Hans, Du wirst leben, wie alle die wir auf dem Wege sind, Gott und das Göttliche immer heller zu ahnen.
Es bedarf unser, wenn anders nicht alles sinnlos sein soll. [...]
Was waren wir vor zehn Jahren, Hans, und was können wir sein, wenn uns das Leben bleibt? Ist das nicht genug, um einen Sinn zu finden und dankbar zu sein? Ich meine immer, wenn dieser Krieg einmal zu Ende ist muss aus den vielen Bächen des Leidens sich ein Strom ergießen dessen heilige Wasser auch uns wieder tragen, die wir heute nur karge Rinnsale finden statt lebensspendender Flut ...
[...] Ich gebe nicht viel auf die Menschen, die erst im Sterben wieder beten können. Wir sind wohl reif genug, es ohne Scham schon jetzt zu tun, sonst wäre unser Leben wirklich nur wie ein Geschwätz gewesen.
Vertrau, Hans, und glaub an Deinen Stern!

Es überrascht mich zutiefst, solche Worte aus der Feder meines Vaters zu lesen, den ich immer für unreligiös gehalten habe und der zweifellos der Institution Kirche äußerst kritisch gegenüberstand.

Für viele Jahre war er sogar ausgetreten und trat erst kurz vor seinem Tod wieder ein. In der ihm eigenen trockenen Art kommentierte er diesen Schritt mit den Worten: »Mer woiß ja nie!«

Am 9. und 10. September 1942 schreibt mein Vater:

> So ist doch alles sinnlos und schal geworden: Hans ist nicht mehr. Gefallen, qualvoll gestorben an einem Bauchschuss am Mittag des 10. August, sieben Tage bevor ich ihm schrieb. [...]
> In langen, langen Jahren haben wir einander kein ungutes Wort gesagt, planten und bekannten Nächte hindurch, waren in den Bergen, brauchten einander um Gedanken zu klären, Gedichte, Erzählungen vorzulesen, Dramen miteinander zu formen. Leibliche Brüder könnten sich nicht sagen, was wir einander vertrauten. Das Offene, Unbekümmerte, Zuversichtliche, helle Tage und durchglühte Nächte, das alles liegt mit ihm auf dem Friedhof im Osten. Für immer? [...]
> Bei Annel. Kaum daß meine Füße mich hintrugen. Ich habe bisher nicht erfahren, wie lähmend der Schmerz sein kann. Lange, lange Zeit war alles hinter Schleiern, bis ich ihr ein einziges Wort sagen konnte. Weiterleben um der Kinder willen.

Am 12. Oktober 1944 erreicht meinen Vater die erste Bereitstellungsnachricht der Organisation Todt[68]. Zunächst wird er gemeinsam mit Wilhelm Geyer, seinem alten Freund aus Tapp-Club-Zeiten, zur Zwangsarbeit in das von den Deutschen besetzte Lothringen geschickt.

Diese Zeit beschreibt er später in einem in der *Schwäbischen Donauzeitung* abgedruckten »Freundesbrief an Wilhelm Geyer« zu dessen 50. Geburtstag. Der flapsig-ironische Stil ist typisch für die verharmlosende Weise, in der oft über Kriegserlebnisse berichtet wird: »Im Oktober 1944 holten sie uns beide, Staatsfeinde und Lumpen, an den Westwall[69] nach Lothringen, wo wir schippten und nach Herzenslust schimpften. Du gabst die täglichen Parolen aus, und ich verfaßte die aufrührerische Westwallkantate: ›Kalter A… und heiße Herzen‹. Heimlich schlachteten wir eine Sau schwarz und es war herrlich. Besonders, weil wir beide jeden Morgen beim Essensempfang eine dritte Portion Wurst herausschinden konnten – bis sie dahinterkamen, daß ich als der Kleinere hinter dir Deckung genommen hatte.«

Kein Wort darüber, dass er unmittelbar vor einer Entscheidungsschlacht zwischen der 3. US-Armee unter General Patton und der deutschen Wehrmacht nach Lothringen kommt. Ein Versuch der Amerikaner, die Stadt Metz einzunehmen, ist im September 1944 gescheitert. Nun sammeln sie ihre Kräfte, während die Deutschen auch unter Einsatz von Zwangsarbeitern ihre Stellungen befestigen. Am 7. November greift die US-Armee erneut an. Mein Vater wird erst Mitte November abgezogen. Eine Woche danach entscheiden die Amerikaner den Kampf für sich und befreien Lothringen. Allein auf dem deutschen Soldatenfriedhof in Andilly liegen über 33 000 in Lothringen Gefallene.

Aber herrlich war's dort, genug Wurst gab's auch, und lieber erinnert man sich daran, dass man den Unterdrückern ein Schnippchen geschlagen hat, als daran, dass man sich dem Wahnsinn des Krieges hilflos ausgeliefert fühlte.

Am 18. November 1944, gerade zurück in Ulm, erhält mein Vater eine Aufforderung des Polizeidirektors, sich am 21.11.44 um fünf Uhr morgens im Wartesaal in Bietigheim einzufinden. Mitzubringen sei: »Arbeitskleidung und festes Schuhwerk, 1–2 Wolldecken, etwa verfügbares Handwerkzeug (Säge, Beile, Spaten, Hacken usw.), und außerdem noch Marschverpflegung für 3 Tage.«

Brief von Wilhelm Geyer an seine Frau Klara. Die Zeichnung zeigt ihn und meinen Vater bei der Zwangsarbeit am Westwall.

Ich weiß nicht, ob es ein Versehen oder eine Form passiven Widerstands war, jedenfalls kommt mein Vater eine halbe Stunde zu spät in Bietigheim an, verpasst die Abfahrt und stößt erst später zu seiner Gruppe.

Die Reise geht ins Zwangsarbeitslager Leimbach, ein Außenlager des KZs Buchenwald[70]. Leimbach liegt in der Nähe des berüchtigten Lagers »Mittelbau Dora«, wo die Nazis bis kurz vor Kriegsende fieberhaft versuchen, ihre »Wunderwaffe« V2 zu bauen.

Mein Vater wird mit ca. 150 anderen Männern (»jüdische Mischlinge«, aber auch »arische« Partner aus »Mischehen«, die eine Scheidung verweigert haben), überwiegend aus Schwaben und dem Elsass, inhaftiert. Jeden Morgen um fünf Uhr müssen die Häftlinge antreten. Im ehemaligen Bergwerksschacht »Freiesleben« (benannt nach Johann Carl Freiesleben, einem Freund Alexander von Humboldts) soll die Firma Mansfeld AG für Bergbau und Hüttenbetriebe eine Halle zur unterirdischen Rüstungsproduktion bauen.

Ich mache einen der damaligen Mithäftlinge meines Vaters ausfindig; er ist bereit, mit mir zu sprechen, möchte aber nicht mit seinem vollständigen Namen genannt werden, sondern nur mit seinen Initialen. R. W. war mit knapp 20 Jahren einer der jüngsten Häftlinge, inzwischen ist er 82 und erinnert sich bis ins Detail an die Zeit in Leimbach. »Es gab drei Gruppen Häftlinge: die ›Dummen‹ mussten im Freien einen Kabelgraben ausheben, die ›Alten‹ haben im Werk gearbeitet, die ›Aktiven‹ kamen ins Bergwerk. Zu denen gehörten Ihr Vater und ich.«

Die Männer müssen Steine und Geröll in Loren laden, diese nach oben ziehen und auf einer Kippe entleeren. Schwerste körperliche Arbeit, die mein schmächtiger Vater kaum leisten kann. Unter den Mithäftlingen ist ein weiterer Ulmer, Kurt Deschler, ein kräftiger, groß gewachsener Mann, Spross einer Textildynastie und aus früheren Zeiten ein Bewunderer meines Vaters und seiner Kenntnisse auf kulturellem Gebiet. Er bietet ihm einen Handel an: »Schuften gegen Vorträge.«

Soll heißen, Deschler erledigt auch das Pensum meines Vaters mit, wenn der ihm im Gegenzug Vorlesungen über Kunst und Literatur hält. Das lässt sich mein Vater natürlich nicht zweimal sagen. R.W. wohnt den Lektionen ebenfalls bei: »Das war eine Art Außenstelle der Ulmer Volkshochschule.«

Die Lagerunterkunft ist in dem weitläufigen Anwesen Zum Schloss Mansfeld der Gastwirtsfamilie Heinrich untergebracht. Der Schlafsaal mit Stockbetten für 150 Männer befindet sich im ehemaligen Tanzsaal, der mit Parkett, Deckenmalereien und einer Bühne aufwartet – Überbleibsel aus besseren Zeiten, als dort Feste und Aufführungen stattfanden. Es gibt Außentoiletten und immer-

Mein Vater (sitzend) und Mithäftlinge im Lager Leimbach (2. v. re. Kurt Deschler)

Vera Heinrich, deren Eltern die Lagerunterkunft betrieben. Sie versuchte, den Häftlingen zu helfen.

hin einen Aufenthaltsraum, in dem die Männer in ihrer knappen Freizeit lesen und Schach spielen können. In den Wachstuben sitzen Werksschützer der Firma Mansfeld und später auch Gestapo-Leute, die dafür sorgen, dass keiner türmt. Zuvor waren italienische Zwangsarbeiter im Lager untergebracht, von denen einige ausbrechen wollten. Die damals 14-jährige Wirtstochter Vera erinnert sich: »Die sind schwer misshandelt worden.«

Die muntere, hübsche Vera lenkt manchmal die Wachposten ab, damit die Männer heimlich Radionachrichten hören können, Feindsender natürlich. R. W. erzählt: »Der Volksempfänger war in einem Kasten verschlossen, aber oben war ein Loch. Da konnte man mit einem Messer oder einem kleinen Stock reinfahren und die Knöpfe verdrehen.«

Die Männer werden in einer Gemeinschaftsküche verpflegt und müssen abwechselnd dort mitarbeiten. Hier muss sich die Szene mit dem Reis abgespielt haben, den mein Vater während eines Küchendienstes hat überkochen lassen, wofür er – wahrscheinlich von einem der Gestapo-Wachleute – bestraft wurde.

Die Versorgung ist aufgrund des kriegsbedingten Mangels schwierig. Freundliche Nachbarn spendieren manchmal Hackbraten und Brötchen für die Gefangenen, und Vera weiß, welcher Bäcker und welcher Metzger großzügiger abwiegt, wenn sie mit den Lebensmittelmarken der Männer kommt. Geld steht den Inhaftierten kaum zur Verfügung, von ihrem Lohn, den die Mansfeld AG immerhin bezahlt, wird so viel für Verpflegung und Unterkunft einbehalten, dass jedem von ihnen nur rund 30 Reichsmark im Monat übrig bleiben. Sehnsüchtig warten sie deshalb auf Post von zu Hause mit ein paar zusätzlichen Marken, ein bisschen Geld oder Lebensmitteln, aber die Gestapo zensiert die ausgehende und kontrolliert die eingehende Post. R. W. erinnert sich, dass die Weihnachtspakete aus der Heimat willkürlich zurückgehalten und erst Tage später verteilt wurden. Eine zusätzliche Schikane, so sinnlos wie niederträchtig.

Trotz allem versuchen die Gefangenen, das Beste aus ihrer Situation zu machen. An Weihnachten dürfen sie ausnahmsweise hinunter in die Gaststube, deren Betreten ihnen sonst verboten ist. Sie feiern Heiligabend, so gut es eben unter den gegebenen Umständen möglich ist. Vera erinnert sich auch an die Sylvesternacht 1944/45, in der die Männer, »allesamt kultivierte Leute«, mit Verkleidung, Kabarett und Gesang einen Gemeinschaftsabend ausrichteten.

Offenbar behandelt Frau Heinrich, Veras Mutter, die Gefangenen zu menschlich. Und offenbar gibt es einen Spitzel im Lager: Eines Tages wird die Gastwirtsfrau zur Gestapo vorgeladen und in die Mangel genommen. Vera: »Die haben sie schwer bedroht.« Besorgt um ihre Familie, aber ungebrochen in ihrer Überzeugung, dass die Häftlinge eine anständige Behandlung verdienen, kehrt Frau Heinrich zurück.

Der Kriegsverlauf ist für die Deutschen katastrophal. Immer wieder fallen auch rund um das Lager Bomben. Vera beschreibt die Bombardierung Hettstedts in der Nähe von Leimbach am 11. April 1944, bei der 51 Menschen sterben und über hundert Häuser und Wohnungen zerstört werden: »Es war um die Mittagszeit, ich kam gerade aus der Schule. Es krachte furchtbar, immer wieder. Wir waren ja nur fünf oder sechs Kilometer entfernt und hatten große Angst, dass es uns auch treffen würde.«

R. W. hört die Bomben nicht, er befindet sich zu dieser Zeit im Bergwerk.

Er erzählt mir von der panischen Angst der Männer, bei einem Fliegerangriff im einstürzenden Stollen verschüttet zu werden. Und von der Sorge, sie alle würden, sobald ihre Aufgabe erfüllt sei, abtransportiert und umgebracht werden. Deshalb habe eine Gruppe um meinen Vater die Flucht geplant. »Bevor es so weit kommt, gehen wir durch«, so der Entschluss. Die Idee lautete, einen der Werksschützer, der wohl ein anständiger Kerl war, in den Fluchtplan einzuweihen und abzuhauen, wenn er Dienst hatte. Sollten sie fliehen müssen, während ein anderer Wache schob, wollten sie ihn mit einem Schlafmittel betäuben. Aus heutiger Sicht klingt der Plan reichlich naiv, und man muss froh sein, dass er nicht ausgeführt wurde. Wer weiß, ob die Männer ihn überlebt hätten.

Im Januar und Februar 1945 dürfen »arische« Männer jüdischer Frauen das Lager überraschend verlassen. Erleichtert und hoffnungsvoll treten sie die Heimreise an – und erfahren bei der Ankunft, dass ihre Frauen inzwischen nach Theresienstadt deportiert wurden.

Kurz darauf wird auch Kurt Deschler entlassen. Der 27-Jährige, der sich in die halb so alte Wirtstochter verliebt hat, hält den Kontakt nach Leimbach: Er schreibt Vera fortan regelmäßig.

13. April 1945. Das Lager Leimbach wird von den Amerikanern befreit. Die Soldaten kommen »zu Fuß, wie die Katzen«, erinnert sich Vera. Erst später folgen die Panzer. Die Häftlinge des Lagers schwenken ihren Befreiern die weiße Fahne entgegen. Die Mitglieder der Familie Heinrich werden zuerst als Nazis verdächtigt, von den ehemaligen Inhaftierten aber umfassend entlastet.

Später gehört die Gegend zur sowjetischen Besatzungszone (danach DDR), und die Familie wird von den Kommunisten enteignet. Vera, die inzwischen erwachsen ist, zieht nach Ulm und heiratet Kurt Deschler. Sie lassen sich in unmittelbarer Nähe meines späteren Elternhauses nieder, und Kurt Deschler macht sich – wie mein Vater – einen Namen als Kunstsammler.

Als ich Vera frage, ob die beiden Männer später über ihre gemeinsame Lagerzeit gesprochen haben, verneint sie. »Warum darüber reden«, sagt sie, »man hatte ja überlebt.«

Mein Vater erhält am 5. Mai eine Reiseerlaubnis für den Landkreis Gotha, ausgestellt von den HEADQUARTERS FIRST UNITED STATES ARMY, Military Detachement, »für [!] the Purpose of return of concentration camp for order to go home«. (Das holprige Englisch zeigt, dass die Genehmigung nicht von einem Amerikaner, sondern von einer deutschen Schreibkraft ausgestellt wurde.)

In Ulm sind bei Kriegsende von den etwa 130 Juden, denen es nicht gelang, aus Deutschland zu fliehen, die meisten nicht mehr am Leben. Auch hier hat es Suizide gegeben; man weiß von mindestens fünf Menschen, die sich vor der Deportation oder in der fremden neuen Heimat umgebracht haben. Von den in die Vernichtungslager verschleppten Menschen sind nur vier zurückgekommen.

Ungefähr weitere 100 gebürtige Ulmer sind nach ihrem Wegzug aus Ulm andernorts den Nazis zum Opfer gefallen, wie der Autor des geplanten Gedenkbuchs für die Opfer der Shoa in Ulm, Ingo Bergmann, herausgefunden hat.

Einen Monat nach seiner Rückkehr, am 6. Juni 1945, heiratet mein Vater in Ulm seine langjährige Verlobte Else Gotsmann. Sein ehemaliger Mithäftling R. W. ist bei der Trauung im Ulmer Münster dabei. Gab es später Kontakt, so frage ich ihn, haben sie noch einmal über die Zeit in Leimbach gesprochen? R. W. verneint. »Wir haben uns gegrüßt, mehr nicht.«

Für seine Haftzeit erhält mein Vater im Rahmen der Wiedergutmachung 600 DM.

Im Juni 1945 schreibt er folgendes Gedicht über seine zerstörte Heimatstadt Ulm:

Weisung

Geliebte Stadt, nun bist du aufgestiegen
Aus dunklen Träumen über Tag und Jahr:
Was mir von Jugend her wie eigen war,
So ganz vertraut, seh ich im Staube liegen.

Durch jene Gasse dort die sanftgeneigte
Führt mich der Weg zu alten Freunden hin;
Kaum aber wüßt ich heute wo ich bin,
Wenn nicht das Münster mir die Richte zeigte.

Es ragt wie ehedem doch übermächtig
Ersteht es vor dem trümmerstarren Sinne,
Der sich nach Weisung umsieht und nach Gänze.

Wir fühlen es, nun sind wir mitten inne
In seiner Kraft, die gegen das was nächtig
An uns geschah, stand als geheime Grenze.

Das Wohnhaus meiner Großeltern in der Syrlinstraße 3 steht noch, obwohl es bei der Bombardierung Ulms am 17. Dezember 1944 von Brandbomben schwer getroffen wurde. Dass die Frieds ihre Wohnung nicht verloren haben, ist dem beherzten und mutigen Eingreifen von Wilhelm Geyer zu verdanken, dem alten Freund meines Vaters. Er saß – wie seine Söhne Hermann und Michael erzählen – während des Bombardements ganz in der Nähe im Luftschutzkeller. Sobald die Geschwader sich entfernt hatten, noch vor der Entwarnung, rannte er hinaus, lief durch die Straßen und sah nach den Häusern von Freunden und Bekannten. Wenn er bemerkte, dass es irgendwo qualmte, stieg er ins Dachgeschoss, hackte brennende Balken durch und warf sie hinunter auf die Straße, genauso wie herumliegende Phosphorbrandbomben, die oft erst mit Verzögerung zündeten. Auf diese Weise rettete er nicht nur seine wertvollen Altäre und andere künstlerische Arbeiten, die im Wohnhaus seiner Familie auf dem Dachboden lagerten, sondern auch zahlreiche Wohnungen, darunter die der Frieds. Er bezahlte diesen Heldenmut mit dem Verlust seines linken Auges, das durch Funkenflug irreparabel geschädigt wurde.

Der zuständige Luftschutzwart, ein gewisser Herr Pfund, sah den Bemühungen Wilhelm Geyers nicht nur tatenlos zu, sondern sagte: »Lassen Sie's brennen, Herr Geyer, der Führer hat uns doch versprochen, dass wir neue, schönere Wohnungen kriegen.«

14.

Am 30. April 1945 marschieren US-Truppen in München ein. Der Krieg ist zu Ende. Die amerikanischen Befreier zählen gerade noch 84 jüdische Überlebende, die laut amtlicher Mitteilung allesamt mit nicht-jüdischen Partnern verheiratet sind und durch die »privilegierte Mischehe« vor der Deportation bewahrt blieben. Etwa 12 000 Münchner Juden sind umgebracht oder vertrieben worden; allein bei den mindestens 43 Transporten in die Vernichtungslager, die aus München abgingen, fanden 3000 Menschen den Tod. In den Jahren zwischen 1933 und 1944 nahmen sich 274 jüdische Münchnerinnen und Münchner das Leben, 1941 – nach Beginn der Deportationen – waren es 60, 1942, als das Ausmaß der systematischen Judenvernichtung immer deutlicher wurde, sogar 75. Es gibt wahrscheinlich eine hohe Dunkelziffer von verdeckten Suiziden, bei denen Familienangehörige oder Ärzte die Todesursache verschleiert haben – ähnlich wie bei meinem Großonkel Alfred Wagner.

Mein Großvater hat wie durch ein Wunder alles überlebt: den KZ-Aufenthalt, die Zwangsarbeit, das Deportationslager. Bei Kriegsende ist er der einzige seiner Geschwister, der noch am Leben ist. Ignatz und Moritz sind schon vor dem Krieg gestorben, Max und Mathilde fielen den Nazis zum Opfer, ebenso seine Nichte Ilse, sein Schwager Alfred, seine Schwägerinnen Lilli und Maria Rika. Seine Nichte Grete und seine Neffen Hans und Walter wurden in die Emigration getrieben.

Was meinem Großvater das Leben gerettet hat, ist wohl ein winziger, aber folgenschwerer Fehler auf einem amtlichen Dokument, den ich bei meiner Recherche entdeckt habe:

Am 28. November 1939 wird mein Großvater in München mit folgenden Angaben in die sogenannte Judenkartei[71] eingetragen:

> Rassezugehörigkeit: jüdisch
> Staatsangehörigkeit: deutsch
> Religion: evangelisch
> Familienstand: verheiratet

Verheiratet? Zu diesem Zeitpunkt war er längst geschieden. Mit Datum vom 8. November 1939 wird dies auch auf der Heiratsurkunde meiner Großeltern im Standesamt Berlin-Schöneberg (wo die Ehe 1905 geschlossen wurde) beurkundet: »Die Ehe ist laut Urteil des Landgerichts Ulm seit dem 25. März 1939 rechtskräftig geschieden.«

Wie ist es möglich, dass die Münchner Behörden nicht von der Scheidung erfahren haben? Hatte mein Großvater einen heimlichen Helfer in Ulm oder München? Oder hat er gar irgendwelche Dokumente gefälscht?

Beides klingt nicht besonders wahrscheinlich. Die ebenso effiziente wie unerbittliche Nazi-Bürokratie ließ keine Schlupflöcher, schon gar nicht, wenn es um Wesentliches ging. Und die Frage, ob er mit einer »arischen« Frau verheiratet oder von ihr geschieden war, bestimmte im Fall meines Großvaters über Leben und Tod.

Erstaunlicherweise fiel die falsche Angabe auch später nicht auf: Am 1. Oktober 1942, kurz vor seiner Einweisung in die Clemens-August-Straße, wird Franz Fried auf seiner Münchner Meldekarte noch immer als verheiratet geführt. Das bewahrt ihn vor dem Schicksal, das sein Bruder Max und seine Schwägerin Lilli erleiden – der Deportation nach Auschwitz.

Sicher musste mein Großvater bei vielen Gelegenheiten (Woh-

Heiratsurkunde

(Standesamt Berlin -Schöneberg 1,- - - - - - - Nr. 439/1939.-)

Der Kaufmann Franz F r i e d,- - - - - - - - - - - - - - -
evangelisch, - - -, wohnhaft in Berlin, Steglitzerstraße 62,
geboren am 12.Mai 1878,- - - - - in Zolyma,Bezirkshauptmann-
schaft Lancut in Oestereich,
(Standesamt - Nr. - - - -J, und
die Anna Emilie Martha H o f f m a n n , Verkäuferin,- - -
evangelisch, - - -, wohnhaft Schöneberg, Mersaburgerstraße 1,
geboren am 23.Mai 1878,- - - - - in Berlin,- - - - - - - -
(Standesamt - Nr. - - - - -),-
haben am 13.Mai 1905,- - - - - - - - - - - - - vor dem Standesamt
Berlin - Schöneberg1,- - - - - - - - - - - - - - die Ehe geschlossen.

Vater des Mannes: Kaufmann Elias Fried,- - - - - - - - - - -
- -

Mutter des Mannes: Sasche geborene Wagner,beide wohnhaft in
Augsburg. -

Vater der Frau: Maurer Johann Friedrich Hermann Hoffmann,
- -

Mutter der Frau: Emilie geborene Voigt, beide wohnhaft in
Schöneberg. -

Vermerke: Die Ehe ist laut Urteil des Landgerichts Ulm seit dem
25.März 1939 1.R.134.38- rechtskräftig geschieden. - - - - - -
- -

Berlin - Schöneberg , den 8. November 19 39.

Der Standesbeamte

In Vertretung: *Kissemann* sch/

Eheschließung der Eltern:

des Mannes am .... (Standesamt .... Nr. ....)
der Frau am .... (Standesamt .... Nr. ....)

Stand B 26.
Mat. 2866 ● Din A 4. 80 000. 12. 38.

> Abt. II/EMX
>
> Betrifft: **Führung der Judenkartei.**
>   (Siehe „Dienstliche Nachrichten" v. 27.[.36 Nr. 9.)
>
> Zur Auswertung für die Judenkartei wurden die Personalien und Abstammungsverhältnisse festgestellt für:
>
> Familien- und Vorname: _Fried Franz Friedrich Israel_
> Beruf: _selbst. Kaufmann_ _Handel_   Familienstand _verheiratet_
> Geburtszeit und -ort: _12. Mai 1878 in Zolynia_
> Staatsangeh.: _Deutsch_   Rassenzugeh.: _jüdisch_   Rel _mosaisch_
> Wohnung: _Hennenstr. 10 I_
> Nachweise: _Heimatschein, Ramsbach Nr. A. 00046_

Dieser Fehler rettet meinem Großvater das Leben: Auf dem Erfassungsbogen für die Judenkartei vom 28.11.1939 steht unter Familienstand »verheiratet«.

nungswechsel, Arbeitsplatzwechsel) seine Personalien nennen und hat jedes Mal – Dreistigkeit siegt – als Familienstand »verheiratet« angegeben, wohl wissend, dass es sein Ende bedeuten würde, sollte die Lüge auffliegen.

Es wird nicht mehr zu klären sein, wieso die Behörden ihren Irrtum nie entdeckten. Mit Sicherheit aber kann man sagen, dass mein Großvater ihm sein Überleben in dieser finsteren Zeit verdankt.

Er kehrt zu seiner geschiedenen Frau nach Ulm zurück, und sie leben bis zum Tod meiner Großmutter 15 Jahre später wie ein Ehepaar, allerdings ohne noch einmal zu heiraten. Mein Großvater eröffnet sein Schuhhaus neu und ist wieder ganz der joviale Geschäftsbesitzer, den seine Kunden und Angestellten kennen.

Luise Maier, eine ehemalige Mitarbeiterin, die von 1950–54 bei ihm angestellt war, erinnert sich an ihn als charmanten, stets zu Scherzen aufgelegten Chef.

Bei gutem Umsatz gibt es für die Angestellten schon mal eine großzügige Essenseinladung in den Bayerischen Hof in Neu-Ulm oder ein Paar Schuhe als Geschenk. Auch regelmäßige Betriebsausflüge stehen auf dem Programm.

Innerhalb der Belegschaft wird darüber gemunkelt, mein Großvater sei während des Krieges im Exil gewesen, in Österreich (wohin er ja tatsächlich 1938 gehen wollte) oder der Schweiz. Niemand weiß, dass er in Wirklichkeit im Konzentrationslager war, als Zwangsarbeiter geschunden wurde und all die Jahre um sein Leben fürchten musste. Und es soll auch niemand wissen. Luise Maier kann sich nicht erinnern, dass er jemals ein Wort darüber verloren hätte. Die Version vom Exil meines Großvaters kursiert auch in der Ulmer Bevölkerung, bei der sein plötzliches Verschwinden ja nicht unbemerkt geblieben war. Da ist es im Nachhinein natürlich angeneh-

Die Belegschaft des Schuhhauses Pallas beim Betriebsausflug in den Fünfzigerjahren (3. v. li. Anneliese, in der Mitte mein Großvater)

mer zu glauben, der verfolgte Mitbürger habe sich in Sicherheit bringen können, als nachzufragen, wie es ihm tatsächlich ergangen sei. Sonst hätte man ja womöglich die eigene Haltung während der Nazi-Zeit hinterfragen müssen, und das ist zu dieser Zeit – nicht nur bei den Ulmern – sehr unpopulär.

Die täglichen Abläufe im Schuhhaus Pallas sind immer die gleichen: Mein Großvater lässt sich nach seiner Ankunft im Geschäft vom Lehrmädchen zum Frühstück ein Drei-Minuten-Ei servieren, lehnt dann am Verkaufstisch und liest seine Post und die Zeitung, während er ein Auge auf den Geschäftsbetrieb hat. »Kein Kunde ohne Kauf« heißt seine Devise, und wenn ein Angestellter »eine Pleite geschoben«, also trotz aller Bemühungen einem Kunden nichts verkauft hat, wird er gerügt und zu besserer Leistung angehalten.

Um elf Uhr geht der Chef zum Mittagessen ins Bubaho, anschließend zum Kaffeetrinken mit befreundeten Geschäftsleuten ins Ulmer Traditionscafé Gindele. Gegen zwei Uhr nachmittags kehrt er ins Geschäft zurück. Er genießt es, endlich wieder ein normales Leben zu führen.

Im August 1945 erhält er das Angebot, den Vorsitz des Sportvereins TSG Ulm 1846 zu übernehmen. Unter den Vereinsmitgliedern sind sicher einige, die ihn noch kurz zuvor als Juden stigmatisiert und ausgegrenzt haben – nun wollen sie ausgerechnet mit ihm einen Neuanfang machen. Es ist ein simples Geschäft: Um von den Amerikanern die Wiederzulassung zu erhalten, muss die Turn- und Sportgemeinde nachweisen, dass sie nicht mehr nationalsozialistisch durchsetzt ist. Womit könnte dieser Nachweis überzeugender erbracht werden als durch die Wahl eines jüdischen Vorsitzenden? Dass sich die Nazis im Verein höchstens aus der ersten Reihe zurückgezogen haben, dass er als »Alibi-Jude« fungiert – all das muss meinem Großvater klar gewesen sein. Trotzdem kann er der Versuchung nicht widerstehen, das Amt anzunehmen – als sichtbarem Beweis seiner Wiederaufnahme in die Ulmer Gesellschaft. Unausgesprochen gehört zu diesem Geschäft, dass man die Vergangenheit ruhen lässt. Also wird fortan geschwiegen – auf beiden Seiten. (1950 übernahm übrigens mein Vater den Vorsitz der TSG 1846.)

Anneliese, bekannt für ihre absolute Korrektheit und Sorgfalt, macht in einem Hinterzimmer die Buchhaltung für das Schuhhaus Pallas. »Da hat kein Prüfer jemals was gefunden«, sagt Luise Maier, »aber sie hat auch keinen Pfennig mehr rausgerückt als nötig.«

Meine Großmutter betritt jetzt, da mein Großvater wieder der Chef ist, das Geschäft nicht mehr. Sie geht überhaupt kaum noch aus dem Haus, meidet die Menschen. Die Jahre der Ausgrenzung und Demütigung haben sie bitter gemacht. Nicht einmal zum Einkaufen geht sie mehr selbst, sie lässt sich die Lebensmittel von Angestellten des Schuhhauses bringen, die sie für unnahbar und hochnäsig halten.

Die Stimmung zwischen meinen Großeltern ist belastet. Die Jahre des Überlebenskampfes, die folgenschwere Scheidung, die Schuldgefühle meiner Großmutter, vielleicht auch die scheinbare Leichtigkeit, mit der mein Großvater in sein altes Leben zurückkehrt, ohne dass jemals aufgearbeitet wird, was zwischen den beiden steht – all das formt eine Mauer aus Schweigen, die beide bis zu ihrem Ende nicht überwinden können.

Meine Mutter erzählte mir, wie erschrocken sie als junge Ehefrau über die kühle Atmosphäre im Haus ihrer Schwiegereltern gewesen sei.

15.

Im August 1945 wird mein Vater zum Kulturbeauftragten der Stadt Ulm ernannt und erhält drei Monate später, gemeinsam mit Johannes Weißer und Paul Thielemann, die Lizenz zur Herausgabe der *Schwäbischen Donauzeitung*.

Sein Aufstieg zum streitbaren Kulturpolitiker, Verleger und Kunstmäzen beginnt, und fortan mischt mein Vater sich mit Leidenschaft in alles ein, was nach Zensur oder reaktionärer Gesinnung riecht. Seine spitzen Kommentare, immer gezeichnet mit dem Kürzel K. F., sind gefürchtet, und er lässt keine Gelegenheit aus, die Kleingeister unter den Ulmer Bürgern zu attackieren. Einen seiner Lieblingsfeinde, einen erzkonservativen Arzt, der überall sittliche Verwahrlosung wittert, bedenkt er einmal öffentlich mit den Worten: »Wer einen Phallus sieht in jeder Stange, folgt billig damit seinem innern Drange.«

Kaum ist der Nazi-Spuk vorbei, wollen die Ulmer Bürger nichts mehr von ihren einstigen Honoratioren wissen: Sechs Wochen nach Kriegsende, am 23. Juni 1945, wird dem ehemaligen Polizeidirektor Wilhelm Dreher die Ehrenbürgerwürde der Stadt aberkannt. Als er sich in den Fünfzigerjahren noch einmal öffentlich zur Frage »Staatliche oder kommunale Polizei?« äußert, erhält die *Schwäbische Donauzeitung* (die seinen Beitrag unkommentiert abgedruckt hat), zahlreiche erboste Leserbriefe. Hier ein Ausschnitt aus dem Brief von Albert Schanz aus Ulm:

»[…] seine [Drehers] Behauptung aber, er habe die Ulmer Polizei acht Jahre lang wohl sauber und einwandfrei geleitet, ist eine ungeheure Zumutung für alle demokratischen Kräfte. Hat man denn vergessen, daß unter der Leitung von Dreher politisch Andersdenkende verhaftet und in Konzentrationslager verbracht wurden und namenloses Leid in viele Familien einzog?« Albert Schanz hat es mit Sicherheit nicht vergessen, als SPD-Mitglied seit 1923 gehörte er zu den von den Nazis verfolgten Ulmern.

Alfred Moos, ein Jude, der mit seiner Frau Erna 1953 aus dem Exil nach Ulm zurückgekehrt war, schreibt: »Auch in Ihrer Redaktion dürfte es sich herumgesprochen haben, daß man Leuten, die von Anfang an alle Schweinereien des Nazi-Regimes mitgemacht haben und noch dazu in leitender Funktion, heute keine Gelegenheit mehr geben darf, in politischen Dingen mitzureden. [...] Hier aber haben Sie einem Mann Raum in Ihrer Zeitung gegeben [...], der es ohne weiteres mit seinem Gewissen vereinbaren konnte, wenn in der Kristallnacht 1938 die jüdischen Mitbürger Ulms von meist ortsfremden SA-Banditen aus ihren Wohnungen geholt, unter Mißhandlungen zusammengetrieben und direkt unter den Fenstern der Polizeidirektion halbtot geschlagen wurden.«

Mein Vater bei einer Ansprache (1956)

In einer Antwort der Redaktion heißt es: »Wir haben die Äußerung von Herrn Wilhelm Dreher absichtlich ohne eigene Stellungnahme veröffentlicht. Es ging uns darum, festzustellen, wie eine solche Äußerung heute von der Ulmer Bevölkerung aufgenommen wird. [...] Wir stellen fest, daß wir nicht eine einzige Einsendung erhalten haben, die sich für Dreher erwärmte. Das scheint uns diesen Test wert gewesen zu sein. D. Red.«

Ich vermute, mein Vater, damals Herausgeber und Chefredakteur der *Schwäbischen Donauzeitung*, steckte hinter dem Manöver. Sicher hat es ihn gereizt, zu erfahren, wie seine Ulmer Mitbürger zehn Jahre nach Kriegsende zu einem der übelsten Nazis aus ihren Reihen standen. Zu Wort gemeldet haben sich zwar nur anständige Bürger mit demokratischer Gesinnung, aber dass es die anderen noch gab, wusste er nur zu gut.

Immer wieder erhielt er in diesen Jahren anonyme Briefe, in denen er unter anderem als »Saujude, der viel zu viel Einfluss hat« beschimpft wurde. Eine Schreiberin verfasste sogar mehrere solcher Schmähbriefe, einige mit eindeutig antisemitischem Inhalt in den Siebzigerjahren, einen letzten, der als einziger erhalten ist, noch 1982, ein Jahr nach dem Tod meines Vaters. Darin schreibt sie von der »grauenvollen Kulturzerstörung«, die mein Vater »in Ulm und ganz Schwaben angerichtet« habe. Weiter heißt es: »Dieser Mensch, der die schlimmsten und perversesten Äußerungen getan hat und vorgesorgt hat, daß Ulm für viele Jahre regelrecht ›verseucht‹ bleibt, verdient keinen Nachruhm, sondern eher ewigen Abscheu. […] Eine Ruthardt-Tochter [gemeint ist meine Mutter] müßte sich eigentlich zu Tode schämen, so etwas überhaupt geheiratet zu haben. Die bedauernswerten Nachkommen!!!«

Zufällig fand meine Mutter heraus, wer die Verfasserin war, und schrieb zurück: »Sehr geehrte Frau B., das hohe menschliche Niveau und das besonders gepflegte Deutsch in Ihrem letzten anonymen Brief läßt mich bedauern, daß Sie nicht den Mut finden, Ihren Namen darunterzusetzen. Dann könnte man ihn als Leserbrief veröffentlichen, was sicherlich ein großer Gewinn für die Leser der Südwestpresse wäre.

Im übrigen wundert es mich auch, daß Sie immer noch in dem Glauben sind, ich wisse nicht, woher bestimmte anonyme Briefe kommen. Jedenfalls tragen Sie immer sehr zur Erheiterung der ganzen Familie, besonders der von Ihnen so sehr bedauerten Nachkommen bei. Mit freundlichen Grüßen.«

Von dieser Dame haben wir danach nichts mehr gehört.

Einmal fanden meine Eltern menschliche Fäkalien vor ihrer Haustür, was meinen Vater dazu anregte, dort ein Schild mit bewusst doppeldeutigem Text anzubringen: »Die Verrichtung öffentlicher Bedürfnisse ist hier verboten.«

Als es in den Sechzigerjahren in Ulm zu antisemitischen Ausschreitungen kam und jüdische Gräber geschändet wurden, erhielt unsere Familie Polizeischutz. Nächtliche Streifen sicherten mein Elterhaus – natürlich, ohne dass wir Kinder etwas davon gemerkt hätten. Ich erinnere mich nur an einen Abend, an dem Geräusche aus dem Garten zu hören waren, mein Vater – offensichtlich in höchster Aufregung – nach einem Totschläger aus lederbezogenem Eisen griff, den er im Haus aufbewahrte, und brüllend in den Garten stürmte. Der Lärm, den er veranstaltete, zeigte Wirkung: Wer immer es gewesen war, Nazi oder gewöhnlicher Einbrecher, suchte das Weite.

Dass nationalsozialistisches Gedankengut noch immer weit verbreitet war – auch in Kreisen, in denen man es nicht vermutete –, zeigte sich immer wieder.

Einmal, ich muss elf oder zwölf gewesen sein, nahm mein Vater mich mit ins »Podium«, die Probebühne des Ulmer Theaters. Ich erinnere mich nicht mehr an das Stück, das gespielt wurde, nur an die Diskussion danach. Genau verstand ich nicht, um was es ging. (Aus heutiger Sicht würde ich vermuten, Ulmer Bildungsbürger stritten mit progressiven Theaterleuten darüber, ob nackte Hintern auf der Bühne Kunst seien. Meiner Erinnerung nach ging es in diesen Jahren ständig um die Frage nach den Grenzen von Kunst. Auch die Ausstellungen, die mein Vater bei uns zu Hause, im »Studio f«, veranstaltete, wurden immer wieder attackiert.)

An diesem Abend wurde jedenfalls wild diskutiert, und mein Vater, zuständig für die Kultur bei der *Schwäbischen Donauzeitung*, platzte fast vor Ärger über seine Mitbürger, deren Kunstbegriff er mal wieder auf dem Niveau von »gehäkelten Klorollen« angesiedelt sah. Man kann nicht behaupten, dass er in seinen Beiträgen durchgehend sachlich war. Er neigte zum Polemisieren und attestierte seinen Gegnern schon mal, sie gäben nur »reaktionäres Geschwätz« von sich.

Plötzlich nahm jemand den Begriff »entartet«[72] in den Mund. Mein Vater wurde weiß im Gesicht, dann knallrot. Er schleuderte eine Entgegnung in den Raum, stand auf, packte mich an der Hand und zog mich aus dem Raum. Ich war zutiefst erschrocken, schämte mich über das Aufsehen, das unser Abgang erregte, und war gleichzeitig stolz auf meinen Vater, weil ich unklar fühlte, dass er im Recht war.

Ein paar Tage später erst traute ich mich, ihn zu fragen, was »entartet« heißt. Er brummte etwas vor sich hin von wegen »saudumme Bagage«. Mehr konnte ich ihm nicht entlocken. Meine Mutter war es dann, die mir den Begriff erklärte.

Wegen seines kämpferischen Eintretens für einen aufgeklärten und modernen Kulturbegriff nannte man meinen Vater – dem die Nazis alle möglichen Steine in den Weg gelegt hatten, damit er seine Vorstellungen von Kultur nicht verbreiten konnte – in den Sechzigerjahren auch häufig »Ulmer Kulturpapst«. Er wurde bewundert, gehasst und gefürchtet – ganz, wie es sich für einen Papst gehört.

Auf jeden Fall wurde er zu einer prägenden Figur der Ulmer Nachkriegskultur, und jeder Artikel, den er schrieb, jede Diskussion, die er führte, jeder Vortrag, den er hielt, war für ihn ein später Sieg über die Barbaren.

Neun Monate vor dem Tod meines Vaters schrieb ich, 21-jährig, dieses Gedicht:

An den sterbenden Vater   Juni 1980

Jetzt liegst du da.
Wie ein geschlagener Feldherr,
ein gestürzter Titan.

Moderner Wissenschaft
verdank ich die Erkenntnis,
dass du Schuld daran hast,
dass ich mit meinem Leben
nicht zurechtkomme,
ebenso,
wie du mit deinem Leben nicht zurechtgekommen bist.
Vielleicht ist es das,
was uns verbindet.
Und jetzt verlässt du mich.

Halb bist du schon dort,
in jener anderen Welt,
die du fürchtest wie wir alle,
aber dennoch, zynisch,
immer wieder beschwörst.

Du hast deinen Schrecken verloren,
kannst mich nicht mehr treffen
und Weinen machen.
Ich zittre nicht mehr
vor dem Donnerklang deiner Stimme,
die das Weltende hervorzurufen schien.

Du hast mich in diesem Leben
ausgesetzt und dann vergessen,
so wie du immer nur Versprechen gabst,
die du niemals einlöstest.
Dein ganzes Leben war ein nicht gehaltenes Versprechen,
als Schuldner gehst du fort
aus dieser Welt.

Ich weiß: Man darf seinen Vater nicht hassen.
Doch dein Schatten verdunkelt mein Leben.
Du hast mich zum Krüppel gemacht
Und mich gezwungen,
dir ähnlich zu sein.
Und jetzt verlässt du mich.

Wenn ich dieses Gedicht heute lese, erschrecke ich vor der Wucht meiner damaligen Gefühle, aber ich verstehe jetzt besser, woher sie kam. Ich behaupte nicht, dass das Schweigen meines Vaters über die Nazi-Zeit der einzige Grund für unser problematisches Verhältnis war. Aber ich habe immer, meine gesamte Kindheit und Jugend hindurch, gespürt, dass es Dinge gab, die er uns vorenthielt. Er hat über die traumatischste Erfahrung seines Lebens geschwiegen, und ich musste (ebenso wie meine Brüder und meine Mutter) mit den Auswirkungen dieses Traumas leben, ohne es zu kennen. Als er starb, war ich 22 Jahre alt, meine Brüder waren 17 und 14. Er ließ uns mit dem Gefühl zurück, nie erfahren zu haben, wer er wirklich war. Dass er uns nichts erzählt hat über sein Unglück, uns keine Chance gegeben hat, ihn besser zu verstehen, das habe ich ihm lange, auch nach seinem Tod, verübelt. Erst viele Jahre später konnte ich ihm endlich verzeihen.

Es geschah bei der Recherche zu meinem Roman *Liebes Leid und*

Lust, in dem die Hauptperson, eine junge Schauspielerin, sich im Rahmen einer Therapie hypnotisieren lässt. Um beschreiben zu können, was bei einer Hypnose passiert, bat ich einen befreundeten Psychotherapeuten, an mir eine Hypnose vorzunehmen. Als Ziel legten wir eine Begegnung mit meinem Vater fest. Insgeheim hielt ich es für ausgeschlossen, dass es meinem Freund gelingen würde, mich in Trance zu versetzen; ich bildete mir ein, viel zu rational und kontrolliert zu sein, um mich dermaßen fallen zu lassen.

Ich lag auf einem verstellbaren Sessel, ähnlich einem Liegesitz im Auto, und befolgte die Anweisungen des Therapeuten, der langsam und mit beruhigender Stimme sprach.

»Stell dir einen Punkt auf deiner Stirn vor. Der Punkt wandert langsam über deinen Kopf, zu deinem Hinterkopf, den Nacken herunter. Stell dir vor, du gehst eine Treppe hinab, tiefer und tiefer, ins Innere eines Kellers. Du gehst weiter und weiter, tiefer und tiefer…«

Zu meiner großen Überraschung hatte ich nicht die geringsten Schwierigkeiten, mich zu versenken. Ich sah die Treppe und das Kellergewölbe vor mir, es glich der Grafik des »Harry-Potter«-Computerspiels meines Sohnes. Ich schwebte als Figur in diesem Spiel die Gänge entlang, fühlte, dass ich mich etwas eckig und roboterhaft bewegte, und sah mir gleichzeitig von außen zu.

Irgendwann sollte ich entscheiden, ob ich nach rechts oder links gehen wollte. Ich entschied mich für links, und prompt machte auch der Gang eine Biegung nach links. Ich sollte eine Tür öffnen und nachsehen, was dahinter war. Ich öffnete die Tür und stand plötzlich auf einer Wiese, im hellen Sonnenlicht.

Dann wechselte der Schauplatz. Ich lag als kleines Mädchen am Sonntagmorgen neben meinem Vater im Bett. Er schnupperte an meinem Haar und murmelte: »Wie ein Weizenfeld im Sommer.« Das hatte er früher oft zu mir gesagt, und es hatte mir gefallen.

Ich sah den gestreiften Bademantel, den er über seinem Pyjama trug, das Zimmer, den Teppich, die Schrankwand, den stummen Diener, an dem sein Anzug hing, und in einer kleinen Schale seine Manschettenknöpfe aus einem matten, gelblichen Stein. Alles war so klar, meine Erinnerung so präzise, wie ich es in »wachem« Zustand nie erlebt hatte.

Der Therapeut forderte mich auf, mit meinem Vater zu sprechen, ihm die Fragen zu stellen, die ich an ihn hatte. Es ging nicht. Mein Vater antwortete nicht.

Als Nächstes sah ich ihn in seinem Sterbezimmer. Er lag auf dem Bett und war tot, aber seine Augen waren noch offen. Ich ging zu ihm, legte ihm die Hand aufs Gesicht und strich darüber, um seine Augen zu schließen.

Als ich aus der Hypnose zurück war, wurde ich von einem Weinkrampf geschüttelt. Ich begriff, dass ich etwas nachgeholt hatte, das mir in Wirklichkeit verwehrt geblieben war: mich von meinem Vater zu verabschieden.

Das Erlebnis wirkte lange nach, und ich spürte, dass meine Gefühle sich veränderten. Nach all den Jahren, in denen ich voller Groll und Bitterkeit an meinen Vater gedacht hatte, war ich endlich mit ihm versöhnt. Mit ihm und mit seinem Schweigen.

16.

Januar 2005. Peter und ich besuchen Wolfram Kastner, einen Münchner Künstler, der Kunst auch als politischen Auftrag begreift und sich durch zahlreiche spektakuläre Aktionen einen Namen gemacht hat. So bringt er jedes Jahr am 10. Mai an der Stelle der Bücherverbrennung auf dem Münchner Königsplatz einen Brandfleck an und organisiert den ganzen Tag über Lesungen aus verbrannten Büchern. Oder er schneidet beim jährlichen SS-Veteranen-Treffen in Salzburg die Schleife vom Gedenkkranz. Keine der Anzeigen wegen Sachbeschädigung, die er dafür erhalten hat, konnte ihn bisher abhalten, dem gespenstischen Treiben der Ewiggestrigen etwas entgegenzusetzen.

Wir lernten ihn bei einer Veranstaltung der Münchner Stolperstein-Initiative[73] kennen, und schon bei unserer ersten Begegnung verblüffte er mich durch die Mitteilung, er habe Bilder von Max und Lilli Fried in seinem Atelier.

1998 hatte Kastner eine Ausstellung mit dem Titel »Schicksal (un)bekannt« initiiert, in der Porträts und Biografien jüdischer Münchner, die den Nazis zum Opfer gefallen waren, gezeigt wurden. Zwanzig Vergrößerungen von Passfotos aus der »Judenkartei« von 1938 hatte Kastner bearbeitet und die Amtsstempel mit Adler und Hakenkreuz entfernt – so versuchte er, den »Abgestempelten« von damals ihre Individualität zurückzugeben. Viele der Abgebildeten hatten in dem ehemaligen »Judenhaus« in der Frundsbergstraße 8 gelebt – wie Lilli und Max Fried. Von einigen hatte der Künstler außerdem Aquarelle angefertigt, darunter auch von den beiden.

So stehen Peter und ich also im schlecht geheizten, aber gut gefüllten Atelier von Wolfram Kastner in der Schellingstraße vor zwei Gemälden im neoexpressionistischen Stil, die meinen Großonkel Max und meine Großtante Lilli zeigen. Mir kommt sofort der Gedanke, dass Walter diese Bilder sehen muss, und ich kaufe sie Wolfram Kastner ab.

Es ist ein bewegender Moment, als ich am 18. Januar 2005 Walters Nummer in Bainbridge Island wähle. Es klingelt ein paar Mal, dann nimmt, über 8000 Kilometer entfernt, jemand den Hörer ab und sagt »Fried«.

Ich bin gespannt, ob mein Onkel noch ohne Mühe Deutsch spricht oder, wie viele Emigranten, einen amerikanischen Akzent hat. Immerhin lebt er seit 65 Jahren nicht mehr in Deutschland und schon über 50 Jahre in den USA. Aber bereits die ersten Sätze kommen in lupenreinem Münchnerisch ohne den geringsten amerikanischen Beiklang. Eigentlich klingt Walter wie jemand aus einem sehr alten Film: Er spricht, wie die Menschen gesprochen haben, als er seine Heimat verlassen musste.

Die Unterhaltung ist nicht ganz einfach, weil Walter sehr schlecht hört. Sobald er aber eine meiner ins Telefon gebrüllten Fragen verstanden hat, erzählt er bereitwillig und mit hintergründigem Humor. Ich frage nach seinen Eltern, was sie für Menschen waren.

»Mein Vater war sehr altmodisch«, sagt er, »ich habe ihn erziehen müssen, modern zu werden.« Von seiner Mutter erzählt er, sie sei aus bürgerlichen Verhältnissen gekommen und immer sehr sanft und liebevoll mit ihm gewesen.

In seiner Kindheit, sagt Walter, sei er mit den Eltern regelmäßig in die Sommerfrische gefahren und im Winter zum Skilaufen, das sei seine große Leidenschaft gewesen. Er erkundigt sich, ob wir in unserer Familie Ski laufen.

Von seiner Cousine Grete behauptet er, sie sei eine sehr schöne Frau gewesen, aber »verrückt«. Die Flucht aus Deutschland sei ihr im letzten Moment durch eine überstürzte Eheschließung mit einem Mann gelungen, der »eine Ausreise« (also die Möglichkeit zur Auswanderung) gehabt habe. Hans, Gretes Bruder, sei »ein bisschen komisch« gewesen. Als ich nachfrage, was er damit meint, wiederholt er: »Komisch halt.«

Dann spricht er über Ignatz und dessen zweite Frau Mizzi (Maria Rika Fried), die »nicht aus Deutschland herausgekommen« sei. Ich erzähle ihm von dem Aktenvermerk auf der NS-Opfer-Liste, sie sei bis Brünn gekommen und von dort aus deportiert worden.

Es ist ein beklemmendes Gefühl, mit einem Mann zu sprechen, der so viele nahe Verwandte in den Konzentrationslagern der Nazis verloren hat – darunter die eigenen Eltern. Ich frage mich, wie er damit fertig geworden ist, dass alle Versuche, die Eltern aus Deutschland herauszuholen, gescheitert sind. Welche Kraft hat es ihn gekostet, sein Schicksal anzunehmen und sein Leben positiv zu gestalten? Wie ging es ihm, als er später nach Deutschland kam?

Ich hatte mir vorgenommen, ihn diese Dinge zu fragen, aber ich schaffe es nicht. Trotzdem spüre ich, dass er gern erzählt; immer wieder fällt ihm noch etwas ein.

Als ich ihm von Wolfram Kastners Ausstellung und den Bildern von Lilli und Max berichte, sagt er zuerst nichts. Dann brummt er: »Wia gibt's denn des, da hams 6 Millionen Juden umbracht, und ausgrechnet von meine Eltern hams Bilder aufgehängt?«

Februar 2005. Nach den vielen Wochen und Monaten, die ich inzwischen mit der Recherche meiner Familiengeschichte zugebracht habe, nach den heftigen emotionalen Erschütterungen, die mancher Fund in mir hervorgerufen hat, der Wut über das, was diesen Menschen angetan wurde, verspüre ich das Bedürfnis, ein Zeichen zu setzen. Ich beschließe, für Max und Lilli Fried vor dem Haus Frundsbergstraße 8 symbolisch zwei Stolpersteine zu verlegen, da in München – anders als in über 200 deutschen Städten und Gemeinden – die echten Stolpersteine nicht verlegt werden dürfen.

In einem Spezialbetrieb lasse ich Folien anfertigen, die der Oberfläche der Original-Stolpersteine zum Verwechseln ähnlich sehen, und klebe sie auf Fliesen. Die Inschriften lauten: *Hier wohnte Max Fried, JG 1879, deportiert 1943, ermordet in Auschwitz* und *Hier wohnte Lilli Fried, geb. Schwarzschild, JG 1887, deportiert 1943, ermordet in Auschwitz*.

Ich informiere die Münchner Initiativgruppe, die sich seit Jahren für die Verlegung von Stolpersteinen engagiert, und die Münchner Presse. Ein Fernsehteam von Radio Bremen wird im Rahmen eines Porträts über mich die »Verlegung« dokumentieren. Außerdem hat Wolfram Kastner sein Kommen zugesagt – die nicht genehmigte Aktion ist vermutlich sehr nach seinem Geschmack!

Mir ist ganz schön mulmig zumute, als wir bei strömendem Regen vom Café Freiheit zur Frundsbergstraße gehen. Ob die Polizei Wind von der Sache bekommen hat? Ob ich mit einer Anzeige rechnen muss?

Wir erreichen das Haus Nummer 8, ich blicke auf die Fenster der Wohnung, in der Max und Lilli Fried gelebt haben.

Wolfram Kastner hält den Regenschirm über mich, als ich die Stolperstein-Attrappen nebeneinander auf den Gehweg vor dem Haus lege. Die Folie schimmert im trüben Licht, und für einen Moment sieht es so aus, als erinnerten zwei richtige Stolpersteine an Max und Lilli Fried.

21. Juli 2006. Gunter Demnig verlegt in Nürnberg vor dem früheren Wohnhaus von Mathilde, Alfred und Ilse Wagner in der Merkelsgasse 5 drei Stolpersteine.

17.

28. August 2005. Am frühen Abend landen Peter, Leo, Paulina und ich in Seattle. Nach der üblichen umständlichen Einreise-Prozedur können wir endlich unseren Mietwagen in Empfang nehmen. Auf einigen Umwegen finden wir das Hotel, und nur Minuten später klingelt das Telefon – Ilse! Wir werden offenbar schon gespannt erwartet und verabreden uns mit ihr und Walter für elf Uhr am nächsten Vormittag.

Ab Viertel vor elf sitzen wir aufgeregt in der Hotel-Lobby und warten.

Pünktlich zum vereinbarten Zeitpunkt tritt ein Stück deutscher Geschichte durch die Tür. Walter, der Emigrant, der seinen Häschern gerade noch entkam, und Ilse, das deutsch-jüdisch-bolivianische Emigrantenkind.

Mein Onkel ist ein zierlicher, nicht sehr großer Mann, der sich sehr gerade hält und mich mit förmlichem Händedruck begrüßen will. Ich ignoriere seine ausgestreckte Hand und umarme ihn. Ilse, eine lebhafte Frau Mitte fünfzig, mit dunklem Haar und leicht südamerikanischen Zügen, umarmt uns ebenfalls.

Walter ist anfangs sehr scheu, er siezt nicht nur Peter und mich, sondern auch die Kinder, die von seiner altertümlichen Sprache fasziniert sind. Wie ich bereits vom Telefon weiß, ist die Unterhaltung mit ihm wegen seiner starken Schwerhörigkeit ein bisschen mühsam, aber nach einer Weile wird es besser.

Er schlägt vor, das Wahrzeichen der Stadt, die Space-Needle zu besuchen – von dort aus kann man über ganz Seattle sehen. Wir

Familientreffen in Seattle. Oben Onkel Walter und Ilse, unten (v. li. n. re.) Leo, Paulina und Ilse, ich und Onkel Walter. Peter fotografiert.

gehen zu Fuß, und ich staune über die Kondition des alten Herrn, dem wir kaum folgen können. Für seine inzwischen 92 Jahre ist er in unglaublich guter Verfassung.

Ich brenne darauf, endlich mit ihm zu sprechen, ihm weitere Fragen zu stellen, aber er hat andere Pläne. Er will ins Stadtzentrum und dort in einem Einkaufszentrum zu Mittag essen. Dabei legt er einen erstaunlichen Appetit an den Tag – ein echter Fried eben.

Dann führt Walter uns zu den Markthallen. Wieder ist er im Laufschritt unterwegs und wird ungeduldig, wenn wir uns irgendwo zu lange aufhalten, weil er uns noch so viel zeigen will. Das Aquarium zum Beispiel, unsere nächste Station.

All diese Sehenswürdigkeiten sind zweifellos wert, gesehen zu werden, trotzdem beginne ich mich zu fragen, ob ich noch die Chance bekommen werde, in Ruhe mit ihm zu sprechen.

Am Ende des Tages dann die Überraschung: Walter lädt uns für den nächsten Tag zu sich nach Hause ein. Wir haben die Bewährungsprobe bestanden, er hat Vertrauen zu uns gefasst.

Bainbridge Island liegt eine knappe Stunde mit der Fähre von Seattle entfernt. Als wir vom Schiff herunterfahren, erwartet uns schon Ilse, um uns den Weg zu Walters Senioren-Residenz zu zeigen. Sein Einzimmer-Apartment ist akkurat aufgeräumt, er bittet uns, auf der Couchgarnitur Platz zu nehmen, und bietet uns Getränke an. Er weiß, dass ich ihn gern vieles fragen würde, und wirkt ein bisschen nervös.

Zuerst überreichen wir ihm unsere Geschenke, darunter mehrere Gläser Original Münchner Weißwurst-Senf und natürlich die Porträts seiner Eltern. Walter betrachtet die Bilder lange schweigend.

Schließlich winkt er mich an seinen Schreibtisch und holt eine dünne Ledermappe hervor – seine Fotos. Die einzigen persönlichen

Erinnerungen, die er bei seiner Flucht vor mehr als 65 Jahren mitnehmen konnte.

Er zeigt mir die Bilder. Zum ersten Mal sehe ich Fotos meiner Urgroßeltern, Sophie und Elias Fried. Auch sie haben ein Schuhgeschäft betrieben, in Augsburg, »in der Barfüßergasse«, wie Walter lächelnd anmerkt. Es gibt Bilder seiner Eltern, auch welche von den Brüdern seines Vaters, irgendwo sind mein Vater und Anneliese mit drauf, dann wieder Verwandtschaft und Freunde. Es ist ein berührender Blick auf Walters Jugendjahre in München.

Walter erzählt von der Münchner Firma Weinzierl, bei der er nach seinem Studium gearbeitet hat. In der Firma gab es einen Kollegen, der ein solcher Hitler-Hasser war, dass er sich weigerte, im Büro unter einem Hitlerporträt zu arbeiten. Stattdessen musste ausgerechnet Walter sich an den Platz setzen.

Die Firma baute damals die Reichsführerschule in Bad Tölz, wo später Mitglieder der Totenkopf-SS für die Verwaltung der KZs ausgebildet wurden – Leute wie die, die Walters Eltern umgebracht haben. Walter musste statische Berechnungen für die Bauten machen. Mit Galgenhumor stellt er fest: »Ich war also mit schuld an dem Desaster!«

Dann erinnert er sich, dass Hitler immer sämtliche Konstruktionszeichnungen bekrittelte – ohne zu wissen, um welche Gebäude es sich überhaupt handelte.

Er deutet auf ein Foto vom Betriebsausflug mit seinen damaligen Kollegen und zeigt mir den Chef, einen »netten Kerl, der leider später ein Nazi geworden ist«.

Auf dem Bild ist Walter Mitte zwanzig, seine Kollegen sind ungefähr im gleichen Alter. Sie lachen fröhlich in die Kamera, junge Männer, die voller Zuversicht in ihre Zukunft blicken. Keiner von ihnen ahnt, dass nur wenige Jahre später für viele von ihnen die Zukunft zerstört ist.

Jetzt sprudelt es nur so aus Walter heraus, er erzählt, wie es zu seiner Emigration kam und wie er durch einen Zufall (ein Passagier war erkrankt) den letzten Platz auf der »Patria« ergatterte, die ihn und Hunderte andere von Hamburg nach Bolivien brachte.

»Obwohl wir Flüchtlinge waren, haben wir in jedem Hafen ein Fest gefeiert«, erzählt Walter, »die Stimmung war ausgelassen, denn wir waren am Leben.«

Einige Zeit später kamen – ebenfalls auf der »Patria« – Walters spätere Ehefrau Erna Guhrauer und ihr Bruder aus Berlin nach Bolivien (Ilses Tante und Vater).

Walter arbeitete dort zunächst als Architekt und Bauingenieur, später ging er mit Erna nach Chicago, dann nach Seattle.

Die beiden bekamen einen Sohn, der kurz nach der Geburt starb. Erna wollte nach diesem Verlust keine Kinder mehr, stattdessen nahmen sie die damals 12-jährige Ilse auf, die Schwierigkeiten mit ihren Eltern hatte und glücklich war, ihrer turbulenten Großfamilie zu entkommen.

»Walterle« nennt sie ihren Onkel heute liebevoll, und das klingt so jüdisch aus dem Mund dieser halben Bolivianerin mit dem deutschen Namen Guhrauer. Sie ist sich ihrer jüdischen Wurzeln viel bewusster als Walter, der sich eher als Katholik fühlt.

Ich zeige ihm einige Abzüge von Bildern aus Annelieses Album und hoffe, dass er die Personen erkennt, bei denen sie sich nicht sicher war. Leider kann er mir nicht weiterhelfen; nicht einmal beim Foto der vier Fried-Brüder weiß er, welcher Ignatz und welcher Moritz ist. Es ist ein Jugendfoto, und er hat seine Onkel erst als reife Männer kennengelernt.

Walter will mit uns einen Ausflug machen. Zu sechst quetschen wir uns in unseren Van und fahren durch die Spätsommerlandschaft von Washington State.

In einem verschlafenen Ort mit einer riesigen, aber ziemlich ausgestorbenen Marina führt er uns zu einem amerikanischen Kriegsschiff aus der Zeit des Koreakrieges, das heute als Museum dient.

Wir bestaunen die Original-Einrichtung des Schiffes; das Offizierskasino, die Kapitänskajüte, den Funkraum, den Kiosk, in dem noch Zigaretten und Süßigkeiten von damals zu sehen sind, und die Schlafräume im Schiffsrumpf, in denen die Soldaten auf engstem Raum untergebracht waren.

Wir begreifen, dass Walter, der in diesem Land Zuflucht gefunden hat und sich hier eine Existenz aufbauen konnte, ein ungebrochenes Verhältnis zu Amerika hat. Anders als für uns, die wir dem Land mit kritischer Sympathie gegenüberstehen, seine Stärken und Schwächen differenzierter wahrnehmen, ist für ihn Amerika nur die große, die Demokratie schützende Nation und ein Kriegsschiff der Beweis für ihre Stärke.

Es ist schon Abend, als wir wieder bei Walter zu Hause ankommen, und ich stelle mir vor, dass er von dem langen Tag erschöpft sein muss. Aber von wegen – er bittet, uns noch zu einem Drink, nein, besser gleich zum Abendessen einladen zu dürfen. Wir gehen in ein mexikanisches Lokal, wo Walter mit beachtlichen Spanisch-Kenntnissen glänzt, und bekommen köstlich zubereitetes Rindfleisch.

Beim Abschied hat nicht nur Walter Tränen in den Augen. Wir versichern uns gegenseitig, dass wir uns bald wiedersehen wollen, und wissen doch, wie ungewiss das ist.

Am nächsten Tag verlassen wir Seattle. In den folgenden zwei Wochen fahren wir nach Vancouver und Vancouver Island, besuchen den Mount St. Helens und folgen der Oregon-Küste. Wir erleben Robben und Wale in freier Natur, wir sehen gigantische Dünen und die Redwoods. Die letzten drei Tage verbringen wir mit Sightseeing in San Francisco.

Nach der Rückkehr fragen wir unsere Kinder, was ihnen auf der Reise am besten gefallen hat. Beide sagen wie aus einem Mund: »Onkel Walter!«

18.

Dezember 2005. Meine Tante Anneliese kehrt nach einem Oberschenkelhalsbruch von einem Reha-Aufenthalt in ihr Altenstift zurück. Ihre Enkelin Verena kauft für sie ein, kümmert sich darum, dass sie alles hat, was sie braucht. Die Wochen in der Klinik waren schlimm für Anneliese, die gern aktiv ist, etwas unternimmt und regelmäßig Yoga macht. Es ist fraglich, ob sie ihre alte Bewegungsfähigkeit zurückgewinnen wird.

Am nächsten Tag ruft ihr Sohn Bernd bei ihr an. Sie geht nicht ans Telefon. Er ist beunruhigt, fährt sofort hin.

Anneliese, die zarte Frau mit dem starken Willen, meine »lustige kleine Tante«, hat entschieden zu gehen, solange sie es noch entscheiden konnte.

16. März 1965. Ich bin sechs Jahre alt und an diesem Nachmittag mit unserem Hausmädchen allein. Das Telefon klingelt. Neugierig laufe ich in die Bibliothek, wo der Arbeitstisch meines Vaters steht, darauf die Schreibmaschine, auf der er seine Theaterkritiken schreibt. Zwischen den Tasten ist immer ein bisschen Asche, die ihm während der Arbeit von der Zigarre heruntergefallen ist.

Der große, schwarze Telefonapparat steht hinter einer Holzverkleidung in einem schwenkbaren Fach, das man öffnen und herausdrehen muss, um den Hörer abheben zu können.

Ich melde mich, wie meine Mutter es mir beigebracht hat: »Bei Fried?« Mit einer Stimme, die am Ende nach oben geht, als wolle ich fragen: »Und wer ist dran?«

Eine weibliche Stimme sagt: »Sind deine Eltern da?«

Ich verneine. Und frage dann höflich: »Soll ich was ausrichten?«

Die Stimme befiehlt: »Sag ihnen, Opa Fried ist gestorben.«

Ich lege auf, zutiefst erschrocken. Ich weiß mit meinen sechs Jahren schon sehr genau, was es bedeutet, wenn jemand gestorben ist. Das heißt, er kommt nie mehr zurück. Ich habe Angst.

Heute ist mir klar, dass es die Stimme von Tante Anneliese war. Unsentimental, wie sie nun einmal veranlagt war, fand sie wohl nichts dabei, ein kleines Mädchen mit einer solchen Nachricht zu überfallen.

Ebenso unerwartet und schockierend erreicht mich nun die Nachricht von ihrem Tod. Ich bin traurig und gleichzeitig dankbar, dass ich noch einige Male mit ihr sprechen konnte.

Namen III. Als meine Tochter Paulina gerade geboren war, entdeckte ich zu meiner Verblüffung sofort etwas, das mir vertraut war: ihre Daumen. Es waren exakte, winzige Nachbildungen der Daumen meines Vaters. Es rührte mich sehr, einen so offenkundigen Beweis für sein genetisches Fortleben zu erhalten.

Noch heute ertappe ich mich manchmal bei dem Gedanken, wie schön es wäre, wenn er seine Enkel erlebt hätte. Vielleicht hätte er zu ihnen die Nähe herstellen können, die ihm zu seinen Kindern gefehlt hat.

Paulina, das zarte Mädchen mit ihrer Sensibilität und ihrem Sinn für Künstlerisches, hätte ihn sicher bezaubert, und Leo mit seinem wachen Verstand und seinem Interesse an Geschichte und Politik hätte ihm vielleicht das größte Kompliment entlockt, das er für Männer bereithielt, die er mochte: »Des isch a feiner Kerle.«

Als Peter und ich 1990 heirateten, überlegten wir, welchen Nachnamen unsere Kinder später einmal tragen sollten. Üblicherweise wählte man damals den Namen des Mannes als Familiennamen, die meisten Frauen legten ihren Mädchennamen ab, manche nahmen einen Doppelnamen an.

Mir wurde geraten, meinen Namen nicht aufzugeben, da er in der Fernsehbranche bereits so etwas wie ein Markenzeichen sei. Das erschien mir eigentlich nicht überzeugend – ich hätte ja meinen Namen als Künstlernamen weiterführen und dennoch bei der Eheschließung den Namen meines Mannes annehmen können. Aber etwas in mir sträubte sich, den Namen Fried aufzugeben. Mehr noch: Ich wünschte mir, dass auch unsere Kinder Fried heißen sollten. Es fiel Peter sicher nicht leicht, aber er erfüllte mir diesen Wunsch. So wurde unser Familienname Fried.

Heute, nach allem, was ich inzwischen über meine Familie erfahren habe, bin ich umso glücklicher, dass wir damals so entschieden haben. Der Name Fried lebt mit unseren Kindern weiter und erinnert an die Frieds, die unter den Nazis Furchtbares erlebt, sich gewehrt und ums Überleben gekämpft haben – viele von ihnen vergebens.

Dass es unsere Familie und unseren jüdischen Namen Fried noch immer gibt, ist ein kleiner Triumph all jenen gegenüber, die Menschen dieses Namens am liebsten restlos ausgerottet hätten.

Nachtrag zur Taschenbuchausgabe

Eine historische Recherche zu Papier zu bringen, bedeutet, sich mit ihrer Unvollständigkeit abzufinden. Niemals wird man seinen Gegenstand bis in die kleinste Verästelung erforschen können, deshalb muss man zu einem willkürlich gewählten Zeitpunkt einen Schlusspunkt setzen – in der Hoffnung, dass einem nichts Wesentliches entgangen ist.

Auch ich bin beim Schreiben von *Schuhhaus Pallas* so vorgegangen, doch kaum war das Manuskript im Druck, tauchte ein interessanter Brief auf, und nach Erscheinen des Buches meldeten sich gleich mehrere Personen, die mir wertvolles Material zur Verfügung stellten. Ihnen allen sei an dieser Stelle herzlich gedankt.

Die wichtigsten Schriftstücke, die ich nach der Fertigstellung des Buches erhalten habe, möchte ich in diesem Kapitel dokumentieren.

Als Erster fand mein unermüdlicher Helfer Ingo Bergmann im Ulmer Stadtarchiv einen Brief meiner Tante Anneliese, den sie am 11. Februar 1939 (da war sie einundzwanzig Jahre alt) an das Württembergische Innenministerium schrieb:

Ich bin jüdischer Mischling 1. Grades und möchte hiermit um die Erlaubnis zu einer Eheschließung mit einem deutschblütigen Mann ersuchen. […] Ich habe einen Arier kennengelernt, der bereit wäre, die Ehe mit mir einzugehen, so dass ich die Möglichkeit hätte, voll und ganz vom Judentum loszukommen. […]

Anneliese Fried
Ulm / Donau
Syrlinstr. 3

Ulm, den 11. Februar 1939.

An das
Württ. Innenministerium

S t u t t g a r t

Ich bin jüdischer Mischling I. Grades und möchte hiermit um die Erlaubnis zu einer Eheschließung mit einem deutschblütigen Mann ersuchen. Meine näheren Familienverhältnisse sind folgende: Meine Mutter, Martha Fried geb. Hoffmann, ist Arierin und seit 1905 mit dem evang. Nichtarier Franz Fried verheiratet. Mein Vater ist geborener Jude und hat sich vor der Eheschließung mit meiner Mutter aus familiären und religiösen Gründen zur evangelischen Kirche bekannt, der auch meine Mutter angehört. Durch die Verhältnisse in letzter Zeit ist das gemeinsame Familienleben unerträglich geworden, weshalb meine Mutter den Antrag auf Scheidung eingereicht hat. Kommenden Dienstag ist der 3. Verhandlungstermin, durch den die Scheidung voraussichtlich rechtskräftig wird.

Ich habe einen Arier kennengelernt, der bereit wäre, die Ehe mit mir einzugehen, so daß ich die Möglichkeit hätte, voll und ganz vom Judentum loszukommen. Mein Vater beabsichtigt auszuwandern, ich lebe bei meiner arischen Mutter und bin seit meiner Geburt christlich erzogen worden. Ich habe den Wunsch, zu heiraten und Kinder groß zu ziehen, möchte aber keinen Mischling ehelichen müssen und glaube dafür Gewähr leisten zu können, daß ich meine Kinder zu richtigen deutschen Bürgern erziehen werde. Mein Bruder, Kurt Fried, der gleich mir evangelich ist, genügt z.Zt. in Weinsberg seiner vierteljährlichen Militärpflicht.

Falls notwendig, bitte ich um Übersendung der entsprechenden Vordrucke oder Bekanntgabe Ihrer sonstigen Anweisungen, auch darüber, ob ich die Personalien des oben erwähnten Ariers mit einsenden soll. Meine genauen Personalangaben finden Sie untenstehend. Für einen wohlwollenden Bescheid wäre ich Ihnen sehr dankbar.

Heil Hitler !

Anneliese Fried

Großeltern meines Vaters

Elias Fried, geb. am 21.8.1851 in Jaroslav
            gest. " 13.2.1933 ? Nürnberg

Sophie Fried, geb. " 9.4.1852 " Zolynia
geb. Wagner gest. "16.12.1926 " Nürnberg

Großeltern meiner Mutter
Hermann Hoffmann, geb. am 28. 2.1852 in Heiersdorf / Fraustadt
                  gest. " 26.12.1934 " Schönow bei Berlin

Emilie Hoffmann, Geb. " 18.10.1854 " Mohrin i.d. Neumark
geb. Voigt gest. Ende Juni 1933 " Schönow bei Berlin

Eltern

Franz Fried, geb. am 12.5.1878 in Zolynia
Martha Fried, geb. Hoffmann, geb. am 23.5.1878 in Berlin

Annelise Fried, geb. am 8.6.1918 in Ulm a.D.

Ich habe den Wunsch zu heiraten und Kinder großzuziehen, möchte aber keinen Mischling ehelichen müssen und glaube dafür Gewähr leisten zu können, daß ich meine Kinder zu richtigen deutschen Bürgern erziehen werde. [...]
Für einen wohlwollenden Bescheid wäre ich Ihnen sehr dankbar.
Heil Hitler!
Anneliese Fried

Was für eine Selbstverachtung, welcher Widerwille gegen ihre jüdische Herkunft spricht aus diesen Zeilen! Und daran hat sich wohl nie mehr etwas geändert – noch fünfundsechzig Jahre später kann ich diese Haltung heraushören, wenn Anneliese über das Thema redet. Bis ganz zum Schluss hat die Nazi-Propaganda bei meiner Tante ihre Wirkung getan: Sie hat sich offenbar ihr Leben lang minderwertig gefühlt.

Welch unrühmliche Rolle einer der übelsten Ulmer Nazis, Polizeidirektor Wilhelm Dreher, auch im Leben der Familie Fried spielte, habe ich im Buch erwähnt. Bei vielen Lesungen wurde ich gefragt, was nach dem Krieg aus ihm geworden ist und ob er angemessen zur Verantwortung gezogen wurde.

Dreher durchlief fünf Instanzen eines Entnazifizierungsverfahrens, wobei er mehrere entlastende Zeugnisse (sogenannte »Persilscheine«) beibrachte, die ihm Ulmer Bürger ausgestellt hatten. Dreimal wurde er als Mitläufer, zweimal als Belasteter eingestuft. Die letzte Einstufung als Belasteter vom 22. Februar 1951 hob alle anderen Entscheidungen auf. Damit verlor er das Recht, ein öffentliches Amt zu bekleiden, als Notar oder Rechtsanwalt tätig zu sein, zu wählen oder gewählt zu werden, sich politisch zu betätigen oder einer Partei beizutreten. Und er durfte auch keine leitende Funktion in einem Betrieb übernehmen oder sich selbstständig machen.

Diese Maßnahmen waren allerdings zeitlich befristet, schon knapp drei Jahre später waren sie bereits sämtlich wieder aufgehoben. Lediglich sein Rentenanspruch war endgültig erloschen.

1949 war er wieder bei seinem früheren Arbeitgeber, der Pflugfabrik Eberhardt, untergekommen. Die Strafgelder und Verfahrenskosten summierten sich aber auf 130 000 Mark, und so war Dreher wohl bis ans Lebensende finanziell ruiniert. Offenbar gab es jedoch wohlhabende Gönner in Ulm, die ihn mit Geld unterstützt haben.

Bezüglich seiner Rolle in der NS-Zeit zeigte Dreher keinerlei Unrechtsbewusstsein. Übergriffe auf Juden habe er nicht nur nicht zu verantworten gehabt, sondern, im Gegenteil, verhindert. Und dass die Synagoge in der Reichskristallnacht nicht ganz abbrannte, sei ebenfalls ihm zu verdanken. »Wohl sauber und einwandfrei« habe er die Polizei geleitet. Ein Hohn angesichts dessen, woran sich Betroffene seines Wirkens nur allzu gut erinnern konnten und können.[74]

Im Buch erzähle ich auch von Hans M., dem besten Freund meines Vaters, dessen Nachnamen ich nicht herausfinden konnte. Im Mai 2008 erhielt ich eine E-Mail von meiner Mutter: »Stell dir vor, ich habe gerade einen Anruf gekriegt von einem Hans Müller. Er hat dein Buch gelesen und ist auf die Stelle mit dem besten Freund gestoßen – und sage und schreibe: das war sein Vater! Und jetzt fällt es mir auch wieder ein, dass dieser Freund Hans Müller hieß.«

Hans Müller jr. schickte mir ein Foto seiner Eltern und eines, auf dem mein Vater mit ihm als kleinem Jungen und der Mutter Annel zu sehen ist. Es wurde 1942 aufgenommen, um es Hans Müller ins Feld zu schicken. Außerdem überließ mir der Sohn Briefe meines Vaters, die noch einmal belegen, wie innig diese Männerfreundschaft war. Sie wurden ebenfalls 1942 geschrieben.

Oben: Hans Müller, der beste Freund meines Vaters, und seine Frau Annel
Unten: Mein Vater mit Annel Müller (h. r.), vorne Hans Müller jr.

Mein Lieber!
Entschuldige, dass ich Dich so platonisch mit platonischen Dingen plage, die Dir im Grunde so ganz fern liegen müssen beim »Hundert-Meter-zurück-Marsch-Marsch, Hinlegen, Aufstehen!!!« Aber ich hoffe, du wirst doch manchmal Zeit finden, Dich in das herrliche Stück Prosa zu versenken, das ich dir in handlichem Feldformat beilege. So ganz darfst du die Nabelschnur doch nicht abreissen, die Dich mit der anderen, der geistigen Welt verbindet. Mit Annel stehe ich natürlich immer in Verbindung. Sie macht sehr schwere Zeiten durch und tut mir leid. Ich will ihr helfen, wo immer ich kann.

Sogar ein Gedicht widmete mein Vater seinem besten Freund. Am 7. August 1934 (anderthalb Jahre nach Beginn der Nazi-Herrschaft) schrieb er mit der handschriftlichen Widmung *Für Hans* folgende Zeilen:

Verhangen die Welt ist
Trübe und leer
Voll Bangen mein Herz ist
Sturmwolkenschwer.

Als Hans Müller gefallen war, schrieb mein Vater (in der mir so vertrauten Handschrift) an dessen Frau: »Liebe Annel! Erlass mir alles, nur das: ich bin immer für euch da mit allem, was ich habe und vermag. In tiefem Leid, Kurt.«

Nie mehr in seinem späteren Leben hatte mein Vater einen Freund, der ihm auch nur annähernd so nahestand wie Hans Müller.

Eine besonders überraschende und erschütternde Zuschrift erhielt ich von Günther Scheel, einem ehemaligen Lagerkameraden meines Vaters. Er schickte persönliche Notizen mit dem Titel *In memoriam Lager Leimbach* – seine Tagebuchaufzeichnungen. Scheel war, wie mein Vater und viele andere sogenannte »jüdische Mischlinge«, die letzten Monate vor Kriegsende in diesem Außenlager des KZ Buchenwald inhaftiert. Er berichtet von der Härte der Zwangsarbeit und den unmenschlichen Schikanen, denen die Gefangenen ausgesetzt waren:

Morgens um vier Uhr wird die jeweilige Frühschicht durch Langes Trillerpfeife aus dem Schlaf gerissen. Die Frühschicht dauert von 5.30 Uhr bis 14 Uhr, die Spätschicht von 14 Uhr bis 22.20 Uhr. Nur jeder zweite Sonntag ist arbeitsfrei. Im Schacht geht's immer hart her. [...]
Bei der Arbeit schwitzt man, dass einem die Schweißbäche übers Gesicht rinnen und die Kleidung am Körper klebt. Der Gesteinsstaub und der Explosionsdunst drückt einem auf die Brust. Und wenn man mal einen Moment aussetzt, friert's einen. Doch die Capos lassen einen nicht frieren. Unermüdlich treiben sie an. Dabei könnte man umsinken, sich willenlos dahinstrecken ... Oder vielleicht auch dem nächsten Schinder mit der Schaufel oder dem Pickel den Schädel einschlagen? Wohin treibt die Verzweiflung eine unterdrückte Menschenseele ...?! Aber alles, nur das nicht ... Nicht verzweifeln, was hilft das ...? [...]
Die Handschuhe aus rohem Sacktuch sind bald zerschlissen und mit bloßen Händen greift man in Kälte, Nässe, Schnee die Eisenketten der Karren. Unsere Füße sind mit Stofflappen umwickelt und stecken in Holzschuhen. So latschen wir im Schnee umher. Die Finger schmerzen erbärmlich und die Zehen frieren ... Man könnte oft laut aufheulen vor Schmerz – aber was hilft's. Man ist hier einsam und verlassen und jeder hat mit sich selber zu tun. [...]
Aber so hungern wir, so hungern wir, so hungern wir alle Tage. Meistens ist es ja doch die gleiche Rübenwassersuppe. [...]
Uli Steiner hat [...] endlich die Genehmigung erreicht, dass wir am Abend in den geschlossenen Gastlokalen der Frau Heinrich unsere Weihnachtsfeier abhalten können. Es gibt Freibier, gestiftet von Uli Steiner, und jeder erhält von Eckhardts, den freundlichen Bäckersleuten gegenüber, eine Schnitte Gebäck. Wir singen Weihnachtslieder. Dazwischen liest Kamerad Fried

das Weihnachtskapitel aus dem Lukasevangelium: »Es begab sich aber zu der Zeit ...« [...] Schrempf singt den Messias aus dem Oratorium von Händel. Dann ergreift Kurt Fried nochmals das Wort und spricht über diesen schicksalhaften Weihnachtsabend, wohl den schicksalhaftesten in eines jeden Leben, wo wir gemeinsam, fern unserer Nächsten, unter dem Lichterbaum und hinter Gittern versammelt sind, und was uns alle dabei bewegt. Er schließt mit dem Goethewort:

Feiger Gedanken –
Bängliches Schwanken –
Ängstliches Zagen –
Weibisches Klagen –
Wendet kein Elend,
macht dich nicht frei!
Allen Gewalten
Zum Trutz sich erhalten,
nimmer sich beugen,
kräftig sich zeigen,
rufet die Arme
der Götter herbei!

Manches Auge ist feucht geworden. Ein jeder ist in dieser Stunde tief bewegt. Einer, der schon manches Christfest fern seiner Nächsten hat verbringen müssen, wendet sich weg. Auf seiner Falle wälzt er sich und das Wasser treibt ihm aus dem Augen ...

Am Mittwoch, dem 10. Januar 1945, wurde, initiiert von meinem Vater, die »Universität Leimbach« ausgerufen. »Denn wir sind uns darüber im Klaren«, schreibt Scheel, »dass unsere Denkfähigkeit, die klare Logik des Geistes, durch die ungewohnte Arbeit und die verzehrende Hoffnungslosigkeit unserer Gefangenschaft nicht weiter sinken und uns einer dumpfen Gleichgültigkeit nahebringen darf, sondern dass wir das Schwert des Geistes scharf halten müssen [eine Formulierung aus einem Gedicht meines Vaters in Anspielung auf die Bibelstelle Epheser 6,17], damit wir für die kommende Zeit gerüstet sind.«

Die Männer hielten sich gegenseitig Vorträge über den antiken Stadtstaat, über deutsches und römisches Recht, über die Grundlagen der Astronomie, über Kultur und Technik. Ein elsässischer Kamerad leitete einen französischen Sprachkurs, mein Vater trug Gedichte und Prosa von Hölderlin und Goethe vor. Für viele der Männer waren diese »Universitätsvorlesungen« offenbar ein wichtiger Halt und Trost.

Nach dem Krieg blieben einige der ehemaligen Gefangenen in einem »Laupheimer Kreis« in Verbindung. Einer von ihnen, Ulrich Steiner, beschwor 1946 in einem Zeitungsartikel anlässlich des 40. Geburtstages meines Vaters Erinnerungen an die »Universität Leimbach«:

Kurt Fried, ihr Schöpfer und Erhalter auch in schweren, krisenhaften Tagen, spricht, und viele Kameraden holen sich neue Kraft zum Durchhalten durch die Finsternis der Gefangenschaft aus seinen Worten. Meist trägt er selber vor, der »Allwissende«, mitunter andere Kameraden. Eitelkeit kennt er nicht, ebensowenig muss er sich selber sprechen hören. Zwei Tugenden, die männlichem Charakter sonst so fremd sind, selbst im KZ!

Ich bin glücklich, diese Äußerungen über meinen Vater zu lesen. Er war also nicht nur der schwierige und unnahbare Mensch, als den ich ihn erlebt habe, und er war auch nicht der Opportunist, als der er sich beim Kampf ums Schuhhaus Pallas zeitweise verhalten hat. Er hat Menschen in den schlimmsten Stunden ihres Lebens etwas Wichtiges geben können, er konnte sie stützen und trösten, und er hat sich selbst dabei nicht wichtig genommen. Das ist der Vater, dem ich verzeihen und den ich lieben kann.

Über die Befreiung des Lagers Leimbach im April 1945 schreibt Günther Scheel:

> Eine feierliche Stunde. Die Kopfbedeckung in der Hand, so stehen wir da und unsere Augen und Herzen leuchten den Befreiern entgegen. Aber während wir noch gierig dies Bild aufnehmen, rollt in unserem Innern in Gedankenschnelle der Film unserer letzten zwölf Jahre ab, mit all der Schmach und dem Unrecht, das über uns hereingebrochen war, mit all der Diskriminierung, geistigen und moralischen Entrechtung und physischen Versklavung. Wer kann all das nachfühlen, was jeder von uns während des Hitlerregimes erduldet hat! […]
> Wir erhalten Zigaretten und jeder zieht bedächtig an der Zigarette, die er an dieser großen Wende seines Schicksals von Menschen erhält, die für die Freiheit aller kämpfen.
> Als Kurt Fried seine Zigarette empfängt, verlässt er unser Grüppchen und streicht still auf die andere Straßenseite hinüber. Dort raucht er sie, die Hände auf dem Rücken und auf und ab gehend, allein für sich. Er hört nicht den Trubel und sieht nicht die Leute um sich. Aber wir wissen, was ihn so packt. Es ist das Unfassbare einer lange ersehnten und nun doch plötzlich erhaltenen Freiheit.

Ich stelle mir vor, wie mein Vater in diesem Augenblick beschließt, die Vergangenheit für immer ruhen zu lassen und nicht mehr zurückzublicken. Als seine Freunde aus dem Laupheimer Kreis ihn später bitten, für die Veröffentlichung der Aufzeichnungen von Günther Scheel zu sorgen, verspricht er es, unternimmt aber nie entsprechende Schritte. Er verzögert die Angelegenheit jahrelang, bis sie in Vergessenheit gerät. Jetzt, über sechzig Jahre danach, kann ich das Versprechen meines Vaters – wenigstens in Teilen – einlösen.

Seit dem Erscheinen von *Schuhhaus Pallas* habe ich Hunderte von Zuschriften erhalten, darunter keine einzige antisemitische Schmähung oder sonstige Angriffe, mit denen ich eigentlich gerechnet hatte. Wildfremde Menschen beschrieben mir, was das Buch bei ihnen ausgelöst und bewegt hat, viele wollen nun endlich mit ihren Eltern oder Großeltern über die Nazi-Zeit reden, andere in der eigenen Familiengeschichte nachforschen.

Eine Zuschrift hat mich ganz besonders berührt: »Liebe Frau Fried«, schrieb mir eine Leserin per E-Mail, »bis vor der Lektüre Ihres Buches war ich auch eine, die immer sagte ›Das soll endlich mal aufhören!‹, jetzt bin ich vom Gegenteil überzeugt.«

Schon für diesen Satz hätte sich die ganze Mühe gelohnt.

Amelie Fried
München, im August 2009

Anmerkungen

1 **Leo Baeck Institut.** Das Leo Baeck Institut wurde 1955 in Jerusalem gegründet und hat Niederlassungen in London und New York. In Deutschland ist es mit einer wissenschaftlichen Arbeitsgemeinschaft vertreten (Vorsitzender: Professor Michael Brenner). Das Institut erforscht die Geschichte der Juden in Deutschland und in den deutschsprachigen Ländern. Benannt ist es nach dem Rabbiner Dr. Leo Baeck, dem letzten großen Repräsentanten des deutschen Judentums.

2 **Gedenkbuch der Münchner Juden.** Stadtarchiv München (Hg.): Biographisches Gedenkbuch der Münchner Juden 1933–1945, 2 Bände. München 2003/2007, eos Klosterverlag Sankt Ottilien.

3 **Jorge Semprún und Elie Wiesel.** Jorge Semprún (*1923) ist ein spanischer Schriftsteller und Politiker. Als Untergrundkämpfer gegen die deutschen Besatzer in Frankreich wurde er 1943 von der Gestapo verhaftet und ins Konzentrationslager Buchenwald deportiert.

Elie Wiesel (*1928) ist ebenfalls Schriftsteller. Als Jude wurde er 1944 gemeinsam mit seiner Familie ins Vernichtungslager Auschwitz deportiert. Später kam er in das Konzentrationslager Buchenwald, aus dem er am 11. April 1945 von den Amerikanern befreit wurde. 1986 erhielt Elie Wiesel »für seinen Einsatz für die Rechte unterdrückter Menschen und seine Werke, die die Erinnerung an den größten Völkermord der Weltgeschichte wachhalten« (Begründung des Komitees) den Friedensnobelpreis.

Zitate aus: Semprún, Jorge und Wiesel, Elie: Schweigen ist unmöglich. Frankfurt am Main 1997, Suhrkamp Verlag.

4 **Erich Fried.** Der österreichische Schriftsteller Erich Fried (1921–1988) war ein bedeutender deutschsprachiger Lyriker des 20. Jahrhunderts.

5 **Pallas Athene.** Pallas Athene ist eine der wichtigsten Göttinnen der griechischen Götterwelt. Als »wehrhafte Athene« unterstützte sie die Griechen im Trojanischen Krieg.

6 **Ulmer Sturm.** Die Tageszeitung *Ulmer Sturm* war das seit 1931 bestehende Parteiblatt der NSDAP.

7 **Ulmer Tagblatt.** Das 1859 vom Verlag Ebner gegründete *Ulmer Tagblatt* wurde von den Nationalsozialisten am 2. Mai 1934 gleichgeschaltet und später mit dem *Ulmer Sturm* zum *Ulmer Tagblatt – Ulmer Sturm – Alleiniges Amtsblatt und parteiamtliches Organ der Stadt Ulm* zwangsvereinigt. Alle anderen Zeitungen in Ulm waren verboten.

8 **arisch.** Die Nationalsozialisten vertraten die Ideologie, die »germanische Herrenrasse der Arier« sei allen anderen überlegen. Damit sollten vor allem die Juden zu »Untermenschen« gemacht werden.

9 **Zolynia.** Polnische Kleinstadt, etwa 200 Kilometer östlich von Krakau in Galizien gelegen. Bis zum Einmarsch der Deutschen 1939 waren 20% der Bewohner Juden. Heute gibt es in Zolynia keine Juden mehr.

10 **NSDAP.** Die Nationalsozialistische Deutsche Arbeiterpartei (NSDAP) wurde 1919 als DAP gegründet und war von 1933–1945 die einzige zugelassene politische Partei. Bis zu 8,5 Millionen Mitglieder bildeten die Basis der nationalsozialistischen Diktatur. Seit dem Ende des Zweiten Weltkriegs ist die NSDAP verboten.

11 **antisemitisch.** Antisemitismus nennt man den rassistisch begründeten Hass auf alles Jüdische.

12 **Matrosenaufstand in Kiel.** Ab dem 29. Oktober 1918 meuterten die Mannschaften zahlreicher Kriegsschiffe in Wilhelmshaven und Kiel. Die Matrosen waren nicht mehr bereit, im längst verlorenen Ersten Weltkrieg ihr Leben zu riskieren.

13 **Dokumentationszentrum KZ Oberer Kuhberg.** Das KZ Oberer Kuhberg in Ulm war eines der ersten Konzentrationslager in Deutschland. Heute ist es eine Gedenkstätte. Die unterirdischen Verliese, in denen die Häftlinge untergebracht waren, können besichtigt werden. Der Verein »Dokumentationszentrum Oberer Kuhberg, Ulm, e.V. KZ Gedenkstätte« kümmert sich um das Andenken der Opfer und erforscht die regionale Geschichte des Widerstands gegen den Nationalsozialismus.

14 **Deutsche Arbeitsfront.** Die Deutsche Arbeitsfront (DAF) wurde von den Nationalsozialisten am 10. Mai 1933 anstelle der gewaltsam aufgelösten freien Gewerkschaften gegründet.

15 **SA-Standarte.** Die SA (Sturmabteilung) war eine uniformierte und bewaffnete Kampftruppe der NSDAP. Unter anderem errichtete sie ab 1933 die ersten Konzentrationslager und war massiv an der Judenverfolgung beteiligt. Standarte war der Ausdruck der Nationalsozialisten für ein Regiment.

16 **Holocaust.** Der Völkermord der Nationalsozialisten an sechs Millionen Juden und anderen Gruppen wie Sinti und Roma, an Behinderten, Homosexuellen und politisch Andersdenkenden wird heute als Holocaust oder auch Shoa (Anm. 43) bezeichnet.

17 **Bücherverbrennung.** Ab dem 10. Mai 1933 inszenierten die Nationalsozialisten in ganz Deutschland Bücherverbrennungen, bei denen die Werke vor allem von marxistischen, pazifistischen und jüdischen Autoren verbrannt wurden.

18 **Hitlerjugend.** Die Hitlerjugend (HJ) wurde 1926 als nationalsozialistische Jugendbewegung gegründet. 1933 wurde die HJ durch das Verbot aller anderen Jugendverbände von einer Par-

teijugend zur Staatsjugend. Nach der Einführung der Zwangsmitgliedschaft 1939 waren fast alle Jugendlichen zwischen 10 und 18 Jahren Mitglieder der HJ.

19 **Reichsschrifttumskammer.** Am 1. November 1933 wurde die Reichsschrifttumskammer mit dem Ziel gegründet, die deutsche Literatur von »artfremden« und »volksschädlichen« Schriftstellern zu »säubern«. Um ihren Beruf weiter ausüben zu können, mussten Schriftsteller unter anderem ihre »arische« Herkunft nachweisen.

20 **Reyhing.** Hans Reyhing (1882–1961) war ein von der Schwäbischen Alb stammender Dichter und Verleger, der in Ulm unter anderem Leiter der Volkshochschule war. Er gab Mitteilungsblätter und Zeitungsbeilagen heraus. Mit seinen heimattümelnden Geschichten passte er in das Literaturverständnis der Nationalsozialisten.

21 **Jüdischer Kulturbund.** Als Reaktion auf Ausstellungs- und Auftrittsverbote gründeten jüdische Künstler im Juli 1933 den »Kulturbund Deutscher Juden«. Die Nationalsozialisten erzwangen die Umbenennung der Selbsthilfeorganisation in »Jüdischer Kulturbund«. Ab 1935 zwangen sie alle jüdischen Künstler zur Mitgliedschaft im Kulturbund. Ziel war, sie so weiter zu isolieren.

22 **»So trafen sich ...«.** Klara Geyer in: Reinhardt, Brigitte (Hg.): Kunst und Kultur in Ulm 1933–1945. Ulm 1993, Ulmer Museum.

23 **SS-Mann.** Die SS (Schutzstaffel) war das Hauptinstrument des nationalsozialistischen Terrors. Sie bekämpfte von ihrer Gründung im Jahr 1925 an mit verbrecherischen Methoden politische Gegner und hatte vor allem nach Kriegsbeginn maßgeblichen Anteil an der Ermordung von Millionen Menschen.

24 **Weiße Rose.** Ab 1942 rief die Widerstandsgruppe Weiße Rose in sechs verschiedenen Flugblättern zum Kampf gegen das Hitlerregime auf. Die wichtigsten Mitglieder der Gruppe waren Hans

und Sophie Scholl, ihre Mitstudenten Alexander Schmorell, Christoph Probst und Willi Graf sowie der Universitätsprofessor Kurt Huber. Am 18. Februar 1943 wurden die Geschwister Scholl festgenommen und zusammen mit Christoph Probst am 22. Februar 1943 hingerichtet. Später wurden auch Alexander Schmorell, Kurt Huber und Willi Graf zum Tode verurteilt und enthauptet.

25 **Gestapo.** Die Geheime Staatspolizei (Gestapo) war die politische Polizei im nationalsozialistischen Deutschland. Sie bespitzelte und terrorisierte politische Gegner. Häufig wurden diese ohne Gerichtsbeschluss in »Schutzhaft« (Anm. 35) genommen und in Konzentrationslager eingewiesen.

26 **Volksgerichtshof.** Der Volksgerichtshof war ein gefürchtetes Sondergericht der Nationalsozialisten, das vor allem Hoch- und Landesverrat verhandelte. Die Angeklagten konnten gegen seine Urteile keine Rechtsmittel einlegen.

27 **Freisler.** Roland Freisler (1893–1945) war von 1942 an Präsident des Volksgerichtshofs. Nach seiner Amtsübernahme stieg die Anzahl der Todesurteile sprunghaft an, weshalb er »Blutrichter« genannt wurde. Zu Freislers Opfern gehörten Mitglieder der Widerstandsgruppe Weiße Rose sowie die Attentäter des 20. Juli 1944 (z. B. Claus Graf Schenk von Stauffenberg). Freisler starb am 3. Februar 1945 bei einem amerikanischen Luftangriff.

28 **Glaßbrenner.** Adolf Glaßbrenner (1810–1876) war ein Berliner Journalist und Dialektschriftsteller. Wegen seiner politischen Anspielungen wurde er 1833 mit einem fünfjährigen Berufsverbot belegt. Seine Satiren wurden auch später häufig zensiert. Bei der Märzrevolution 1849/1850 gehörte er zu den führenden Demokraten und wurde des Landes verwiesen.

Glaßbrenner, Adolf: Berliner Leben. Hg. von Gotsmann, Else. Berlin 1936, Gustav Kiepenheuer Verlag.

29 **Runge.** Philipp Otto Runge (1777–1810) war als Maler einer der Hauptvertreter der Frühromantik, betätigte sich aber auch als Schriftsteller.
Runge, Philipp Otto: Briefe und Gedichte. Hg. von Gotsmann, Else. Berlin 1937, Gustav Kiepenheuer Verlag.

30 **Sammlung von Briefen.** Gotsmann, Else: Deutsche Briefe der Liebe und Freundschaft. Berlin 1937, Gustav Kiepenheuer Verlag.

31 **Bund der Reichsdeutschen.** Der Bund der Reichsdeutschen in Österreich war eine Organisation in Österreich lebender Deutscher. Er kämpfte mit zum Teil illegalen Methoden für den Anschluss Österreichs ans Deutsche Reich.

32 **BDM.** Der Bund Deutscher Mädel gehörte zur Hitlerjugend (HJ). In ihm waren Mädchen im Alter von 14 bis 18 Jahren organisiert. Ziel des BDM war die Vorbereitung der weiblichen Jugend auf die Rolle als Mutter zahlreicher »rassenreiner« Kinder, die im Geiste des Nationalsozialismus erzogen werden sollten.

33 **Anschluss.** Der sogenannte Anschluss Österreichs ans Deutsche Reich wurde von Hitler gegen den Willen der österreichischen Regierung durchgesetzt. Als am 12. März 1938 deutsche Truppen die Grenze überschritten, wurden sie von der überwiegenden Mehrheit der Bevölkerung begeistert empfangen.

34 **Reichskristallnacht.** Auf Initiative von Joseph Goebbels fand in der Nacht vom 9. auf den 10. November 1938 in ganz Deutschland ein von NSDAP, SA und SS organisiertes Pogrom (Massenausschreitung gegen Mitglieder einer Minderheit) statt. Dabei wurden etwa 7000 jüdische Geschäfte, 29 Warenhäuser und über die Hälfte aller Synagogen zerstört. Laut offiziellen Angaben starben während der Ausschreitungen 91 Menschen, in Wirklichkeit waren es wohl deutlich mehr. Zehntausende jüdische Männer wurden in Konzentrationslager eingeliefert.

35 **Schutzhaft.** Die Nationalsozialisten verwendeten für ihren Ter-

ror häufig verharmlosende Begriffe (für die Vernichtung der Juden »Endlösung der Judenfrage«). Als Schutzhaft wurde die willkürliche Inhaftierung politischer Gegner und anderer nicht ins nationalsozialistische Weltbild passender Menschen bezeichnet. Die Schutzhäftlinge hatten keinerlei Rechte und wurden meist in Konzentrationslager verschleppt.

36 **KZ Dachau.** Das Konzentrationslager Dachau war eines der ersten nationalsozialistischen KZs. Hier wurden ab März 1933 politische Häftlinge, Juden, Sinti und Roma, Homosexuelle, katholische und evangelische Geistliche und Zeugen Jehovas gefangen gehalten. Von über 200 000 Häftlingen fanden mehr als 40 000 den Tod. Eine große Zahl von Häftlingen wurde für medizinische Experimente missbraucht. Dachau war auch eine Mörderschule, weil hier die SS sogenannte Totenkopfverbände für den Einsatz in anderen Konzentrationslagern ausbildete. Auf dem ehemaligen KZ-Gelände befindet sich heute eine Gedenkstätte.

37 **Robert Scholl.** Robert Scholl (1891–1973), der Vater der Geschwister Scholl lehnte die Nationalsozialisten von Anfang an ab. 1942 wurde er wegen kritischer Äußerungen über Hitler zu vier Monaten Gefängnis verurteilt und mit Berufsverbot belegt. Nach der Hinrichtung seiner Kinder Hans und Sophie wurde Robert Scholl, weil er ausländische Radiosender hörte, mit einer 18-monatigen Haft bestraft. In der Ulmer Lokalpresse begann eine Hetzkampagne gegen die Familie Scholl, die in den Schwarzwald fliehen musste. Nach Kriegsende ernannten die Alliierten Robert Scholl zum Oberbürgermeister von Ulm.

38 **Ostmark.** Nach dem sogenannten Anschluss an das Deutsche Reich 1938 wurde Österreich offiziell als Ostmark bezeichnet.

39 **NSU.** Der Nationalsozialistische Unterricht (NSU) war ein ideologisch geprägter Geschichtsunterricht, der sich mit der deutschen Geschichte von Hitlers Geburtsjahr (1889) an beschäftigte.

Er wurde an Gymnasien und Berufsschulen, aber auch bei der Wehrmacht abgehalten.

40 **Kritische Septembertage.** Am 12. September 1938 rief Hitler die Sudetendeutschen in der Tschechoslowakei zum Aufstand auf, seine Truppen waren zum Einmarsch bereit. Im »Münchner Abkommen« vom 29. September 1938 gaben Italien, England und Frankreich in Abwesenheit der Tschechoslowakei ihre Zustimmung zum Anschluss des Sudetenlandes an das Deutsche Reich. Damit wollten sie den drohenden Kriegsausbruch verhindern.

41 **Kennkarte für Juden.** Ab 1. Januar 1939 mussten alle Juden einen speziellen Ausweis mit Passbild bei sich tragen. Dieser war mit ihrem Fingerabdruck und dem großen Buchstaben »J« (für Jude) gekennzeichnet.

42 **Welzheim.** Das Konzentrationslager Welzheim befand sich östlich von Stuttgart in den Ruinen eines ehemaligen Polizeigefängnisses.

43 **Shoa.** Das hebräische Wort für die Leiden des jüdischen Volkes in Verfolgung und Krieg heißt »Shoa«. Heute wird das Wort vor allem für die Ermordung von 6 Millionen europäischen Juden durch die Nationalsozialisten verwendet.

44 **Izbica.** Quellen: Brigitte Schmidt in: Biographisches Gedenkbuch, Band 2. Und: Ingrid Schupetta: Deportationsziel Izbica. © 2004 (Website)

45 **Vernichtungslager.** Konzentrationslager, die zur systematischen Tötung von Menschen eingerichtet wurden, nennt man Vernichtungslager. Sie entstanden ab Herbst 1941 im Zug der »Endlösung der Judenfrage«, wie die Nationalsozialisten den staatlich organisierten Massenmord an Juden zynisch verharmlosend bezeichneten. Vernichtungslager befanden sich zum Beispiel in Belzec, Sobibór und Treblinka. Hier wurden die Menschen in Gaskammern durch Motorabgase ermordet.

46 **Gedenkbuch für die Nürnberger Opfer der Shoa.** Jochem, Gerhard und Kettner, Ulrike: Gedenkbuch für die Nürnberger Opfer der Shoa. Quellen und Forschungen zur Geschichte der Stadt Nürnberg (QNG), Band 29 und 30. Nürnberg 1998/2002, Selbstverlag des Stadtarchivs.

47 **Fürther Memorbuch.** Das Memorbuch ist eine uralte Tradition des Totengedenkens im Judentum. In oft kunstvoll gestalteten Büchern wurden die Namen der Verstorbenen festgehalten. Heutige Memorbücher erinnern vor allem an die Opfer des Holocausts.
Blume, Gisela: Zum Gedenken an die von den Nazis ermordeten Fürther Juden 1933–1945. Hg. vom Komitee zum Gedenken der Fürther Shoa-Opfer. Fürth 1997.

48 **Arbeitslager Monowitz.** In dem in Südpolen gelegenen Auschwitz befand sich das größte Vernichtungslager der Nationalsozialisten. Hier wurden von Oktober 1941 bis Januar 1945 etwa 2,5 Millionen Menschen umgebracht; es war der größte Massenmord in der Geschichte der Menschheit.
Auschwitz-Monowitz (Auschwitz III) war ein speziell für Zwangsarbeiter errichtetes Teillager. Hier verfolgten die Nationalsozialisten ein Programm, das sie als »Vernichtung durch Arbeit« bezeichneten.

49 **Aus:** Nürnberger Dokumentenkartei. Erschließungskartei zu den Beweisdokumenten der Nürnberger Kriegsverbrecherprozesse aus dem Institut für Zeitgeschichte München-Berlin. München 2006, K.G. Saur online.

50 **NS-Opfer-Datei.** Stadtarchiv München, Datenbank zum Biographischen Gedenkbuch der Münchner Juden 1933 bis 1945.

51 **Novemberrevolution.** Im November 1918, am Ende des Ersten Weltkriegs, kam es in Deutschland zu einem Umsturz, der die Monarchien und das Kaiserreich beseitigte und zur Errichtung einer parlamentarisch-demokratischen Republik führte.

52 **Kurt Eisner.** Der jüdische Journalist und Schriftsteller Kurt Eisner (1867–1919), ein Mitglied der USPD (Unabhängige Sozialdemokratische Partei Deutschlands), hatte entscheidenden Anteil am Sturz der Monarchie in Bayern. Am 7. November 1918 rief er den »Freistaat Bayern« aus und wurde sein erster Ministerpräsident. Am 21. Februar 1919 fiel Eisner auf dem Weg zum neu gewählten Landtag einem Mordanschlag zum Opfer.

53 **Räterepublik.** Nach dem Tod Kurt Eisners versuchte die radikale Linke im April 1919 in München eine Räterepublik zu errichten. Die sozialistische Idee, dass das Volk die Herrschaft über direkt gewählte Räte ausüben solle, scheiterte. Regierungs- und Freikorpstruppen beendeten die Revolution blutig.

54 **Weimarer Republik.** Am 11. August 1919 erhielt das Deutsche Reich durch die in Weimar tagende Nationalversammlung eine parlamentarisch-demokratische Verfassung. Die Weimarer Republik endete faktisch am 30. Januar 1933 mit der Ernennung Adolf Hitlers zum Reichskanzler.

55 **Aus:** Heusler, Andreas und Weger, Tobias: Kristallnacht. Gewalt gegen die Münchner Juden im November 1938. München 1998, Buchendorfer Verlag.
Aus: Bauer, Richard und Brenner, Michael (Hg.): Jüdisches München. Vom Mittelalter bis zur Gegenwart. München 2006, C. H. Beck Verlag.

56 **bürgen.** In den USA gab es wie überall strenge Einwanderungsgesetze. Die Flüchtlinge mussten nicht nur Visa, sondern auch Bürgschaften von Verwandten oder Hilfsorganisationen vorweisen. So sollte die Zahl der Einwanderer, die auf soziale Unterstützung angewiesen waren, möglichst gering gehalten werden.

57 **Raphaelsverein.** Der St. Raphaelsverein wurde 1871 zum Schutz deutscher katholischer Auswanderer gegründet. Ab 1934 ver-

suchte das »Sonderhilfswerk«, eine eigene Abteilung des Vereins, katholischen »Nicht-Ariern« zur Emigration zu verhelfen.

58 **Judenhaus.** Seit dem 30. April 1939 konnten »arische« Vermieter Juden fristlos kündigen. Jüdische Hausbesitzer wurden gezwungen, ausquartierte Juden als Mieter und Untermieter aufzunehmen. So entstanden Häuser, in denen ausschließlich Juden wohnten. Ziel dieser Politik war die Gettoisierung der jüdischen Bevölkerung.

59 **Hitlerputsch.** Angeführt von Adolf Hitler, versuchten im »Deutschen Kampfbund« zusammengeschlossene nationalistische Gruppen am 9. November 1923 in München, gegen die Weimarer Republik zu putschen. Ziel des dilettantischen Umsturzversuchs war die Errichtung einer rechten Diktatur in Deutschland. Der Marsch der Putschisten zur Feldherrnhalle wurde von der bayerischen Landespolizei blutig gestoppt, Hitler zu einer unverhältnismäßig milden Strafe verurteilt.

60 **Wiedergutmachungsakten.** Das Bundesentschädigungsgesetz (BEG) vom 18. September 1953 sah eine finanzielle Wiedergutmachung für die durch politische, rassische oder religiöse Verfolgung im Nationalsozialismus entstandenen Schäden an Leben, Eigentum, Freiheit oder Gesundheit vor.

61 **Hitler-Stalin-Pakt.** Am 23. August 1939 wurde in Moskau ein geheimer deutsch-sowjetischer Nichtangriffspakt unterzeichnet. Hitler und Stalin verständigten sich über die zukünftige Aufteilung Ost- und Südosteuropas und verzichteten auf gegenseitige Gewaltanwendung. Trotzdem überfielen deutsche Truppen am 22. Juni 1941 die Sowjetunion.

62 **Bryan Mark Rigg:** Hitlers jüdische Soldaten. Paderborn 2003, Ferdinand Schöningh Verlag.

63 **Kochschule Schwarz.** Quelle: Biographisches Gedenkbuch der Münchner Juden 1933–1945, Band 2.

64 **Barackenlager Milbertshofen.** Quelle: Biographisches Gedenkbuch der Münchner Juden 1933–1945, Band 2.
65 **Arisierungsstelle des Gauleiters.** Die Münchner »Arisierungsstelle« (»Vermögensverwertung München GmbH«) wurde von dem Münchner Gauleiter und bayerischen Innenminister Adolf Wagner in der Absicht gegründet, Juden zu enteignen und ihr Vermögen an »Arier« zu übertragen. Es kam zu regelrechten Raubzügen, bei denen neben den Parteidienststellen auch Mitglieder der NSDAP persönlich profitierten.
66 **Aus:** Heusler, Andreas: Verfolgung und Vernichtung (1933–1945). In: Bauer, Richard und Brenner, Michael (Hg.): Jüdisches München.
67 **Kommanditisten.** Als Kommanditist bezeichnet man den Gesellschafter einer Kommanditgesellschaft, der nur in der Höhe seiner finanziellen Einlage haftet.
68 **Organisation Todt.** Im Mai 1938 wurde die nach ihrem Führer Fritz Todt benannte Organisation Todt (OT) gegründet. Es handelte sich um eine staatliche Bauorganisation, die militärische Anlagen und »kriegswichtige« Bauvorhaben durchführte. Die OT-Arbeiter trugen olivgrüne Uniformen mit einer Hakenkreuzbinde am Ärmel. Mit Kriegsbeginn wurden zunehmend Zwangsarbeiter, Kriegsgefangene und KZ-Häftlinge für die Arbeiten eingesetzt.
69 **Westwall.** Die Organisation Todt begann sofort nach ihrer Gründung mit Befestigungsarbeiten, um Deutschland vor einem Angriff aus dem Westen zu schützen. Der Westwall wurde zu einem etwa 630 km langen Verteidigungssystem mit über 18 000 Bunkern, zahllosen Gräben und Panzersperren ausgebaut und erstreckte sich von Luxemburg im Norden bis in die Schweiz im Süden.
70 **KZ Buchenwald.** Das Konzentrationslager Buchenwald wurde

ab Juli 1937 auf dem Ettersberg bei Weimar errichtet. Insgesamt waren hier und in über 130 oft weit entfernten Außenkommandos ca. 250 000 Menschen inhaftiert. Die Zahl der Todesopfer wird auf über 50 000 geschätzt. Auch die erwähnten Schriftsteller Jorge Semprún und Elie Wiesel waren Häftlinge in Buchenwald.

71 **Judenkartei.** Zur Durchführung der nationalsozialistischen »Rassegesetze« vom 15. September 1935 wurden in den Gemeinden Karteien angelegt, mit denen jeder in Deutschland lebende Jude erfasst werden sollte. »Ein Jude kann nicht Reichsbürger sein«, stand im Gesetz.

72 **entartet.** Als »entartet« bezeichneten die Nationalsozialisten die gesamte bedeutende moderne Kunst: deutsche Expressionisten wie Beckmann oder Dix genauso wie van Gogh, Picasso oder Kandinsky. Deren Werke wurden öffentlich verhöhnt, aus Museen und Galerien entfernt, versteigert oder zerstört.

73 **Stolperstein-Initiative.** Stolpersteine sind eine Idee des Kölner Künstlers Gunter Demnig, für die er mit dem Bundesverdienstkreuz ausgezeichnet wurde. Sie bestehen aus Granit und haben eine Oberfläche aus Messing, in die Namen und Daten ermordeter Juden und anderer Nazi-Opfer eingraviert sind. Demnig verlegt die von Paten finanzierten Steine persönlich vor den ehemaligen Wohnhäusern der Deportierten, um an ihr Schicksal zu erinnern. Mittlerweile gibt es annähernd 10 000 Stolpersteine in 200 deutschen Gemeinden – nur nicht in München, wo der Stadtrat sich gegen diese Form des Gedenkens ausgesprochen hat.

74 **Quelle:** Kapitel über Wilhelm Dreher von Frank Raberg in Baden-Württembergische Biographien Band III, herausgegeben von Bernd Ottnad und Fred Ludwig Sepaintner, Stuttgart 2002, Südwest Presse 25.3.2003.

Zeittafel

1933

30. *Januar:* Reichspräsident von Hindenburg ernennt Adolf Hitler zum Reichskanzler.
In Ulm reagiert die SA mit einem spontanen Fackelzug.
27. *Februar:* Reichstagsbrand
28. *Februar:* »Verordnung zum Schutz von Volk und Staat«: Abschaffung sämtlicher Grundrechte der Weimarer Verfassung
22. *März:* Inbetriebnahme des Konzentrationslagers Dachau
23. *März:* »Gesetz zur Behebung der Not von Volk und Reich«: Entmachtung des Parlaments und der Parteien
13. *März:* Der *Ulmer Sturm* ruft zum Boykott jüdischer Geschäfte auf.
1. *April:* In ganz Deutschland werden jüdische Geschäfte, Arztpraxen und Kanzleien boykottiert.
10. *Mai:* Bücherverbrennungen in den Universitätsstädten
15. *Juli:* Auch auf dem Münsterplatz in Ulm brennen die Bücher.
November: Im alten Fort »Oberer Kuhberg« in Ulm wird ein Konzentrationslager eingerichtet.

1934

2. *August:* Reichspräsident von Hindenburg stirbt. Hitler wird »Führer und Reichskanzler«. Die Reichswehr wird nicht mehr auf die Verfassung, sondern auf Hitler vereidigt.

1935
März: Wiedereinführung der allgemeinen Wehrpflicht
11. Mai: Judenverbot in den Ulmer städtischen Badeanstalten
15. September: »Nürnberger Gesetze« (»Reichsbürgergesetz« und »Gesetz zum Schutz des deutschen Blutes und der deutschen Ehre«): Jüdische Deutsche sind keine gleichberechtigten Staatsbürger mehr. Zum Beispiel Heiratsverbot mit sogenannten arischen Deutschen.

1936
1. August: Beginn der Olympischen Spiele in Berlin. Wegen der Aufmerksamkeit des Auslands wird die Verfolgung der Juden zeitweilig abgeschwächt.
August: Baubeginn Konzentrationslager Sachsenhausen

1937
Beamte mit jüdischen Ehepartnern werden entlassen.
15. Juli: Inbetriebnahme des Konzentrationslagers Buchenwald

1938
12./13. März: Einmarsch deutscher Truppen in Österreich, sogenannter Anschluss
Planmäßige »Arisierung« jüdischer Betriebe und Vermögen
Mai: Gründung der Organisation Todt
Juni: In München wird die Hauptsynagoge abgerissen
5. Oktober: Reisepässe deutscher Juden werden für ungültig erklärt. Sie müssen eingereicht und mit einem großen roten »J« versehen werden.
9./10. November: »Reichskristallnacht«: Höhepunkt der Gewalt gegen Juden in Deutschland seit 1933
Die Münchner Ohel-Jakob-Synagoge wird von SA-Männern in

Brand gesteckt. Auch die Ulmer Synagoge wird durch Brandstiftung zerstört.

In Deutschland setzt eine Auswanderungswelle von Juden ein.

1939

1. Januar: Die »Verordnung zur Ausschaltung von Juden aus dem deutschen Wirtschaftsleben« tritt in Kraft.

Juden müssen Kennkarten bei sich führen und die Zwangsvornamen Israel bzw. Sara annehmen.

30. April: »Gesetz über Mietverhältnisse mit Juden«: »Arische« Vermieter können jüdischen Mietern jederzeit kündigen. Beginn der Gettoisierung.

1. September: Deutsche Truppen überfallen Polen. Beginn des Zweiten Weltkriegs

1940

Erste polnische Zwangsarbeiter kommen nach Ulm.

9. April: Besetzung Dänemarks und Norwegens

Mai: In Auschwitz wird mit der Einrichtung eines Konzentrationslagers begonnen.

Juni: Besetzung Frankreichs bis auf Südfrankreich (Vichy)

ab 13. August: Luftschlacht um England

1941

März: In München werden Massenquartiere für Juden eingerichtet.

22. Juni: Deutsche Truppen greifen die Sowjetunion an.

19. September: Kennzeichnungspflicht für Juden durch einen gelben Davidstern

20. November: Erste Deportation von 1000 Münchner Juden nach Kaunas in Litauen. Fünf Tage später werden sie ermordet.

11. Dezember: Hitler erklärt den USA den Krieg.

1942

20. Januar: Wannseekonferenz: Organisatorische Abstimmung für die systematische Ausrottung der europäischen Juden (»Endlösung«)

24. März: Deportation von Nürnberger Juden ins polnische Izbica

Systematischer Massenmord an europäischen Juden im Vernichtungslager Auschwitz

1943

Januar: Deutsche Niederlage in der Schlacht um Stalingrad

22. Februar: Mitglieder der Widerstandsgruppe »Weiße Rose« werden in München zum Tode verurteilt und hingerichtet.

April/Mai: Aufstand im Warschauer Getto

Zunehmende Bombardierung deutscher Städte

München wird für »so gut wie judenfrei« erklärt.

1944

6. Juni: Invasion der West-Alliierten in der Normandie

20. Juli: Attentat auf Hitler durch die militärische Widerstandsgruppe um Claus Graf Schenk von Stauffenberg

17. Dezember: Großer Luftangriff der Royal Air Force auf Ulm

1945

Februar: Konferenz von Jalta: USA, Großbritannien und die Sowjetunion beschließen, Deutschland in Besatzungszonen einzuteilen.

30. April: Hitler begeht Selbstmord.

30. April: US-Truppen marschieren in München ein.

8./9. Mai: Das Deutsche Reich kapituliert bedingungslos.

20. November: Beginn der »Nürnberger Prozesse« gegen die Hauptkriegsverbrecher

Quellen

Buchveröffentlichungen

Stadtarchiv München (Hg.): Biographisches Gedenkbuch der Münchner Juden 1933–1945, 2 Bände. München 2003/2007, eos Klosterverlag Sankt Ottilien.

Semprún, Jorge und Wiesel, Elie: Schweigen ist unmöglich. Frankfurt am Main 1997, Suhrkamp Verlag.

Reinhardt, Brigitte (Hg.): Kunst und Kultur in Ulm 1933–1945. Ulm 1993, Ulmer Museum.

Jochem, Gerhard und Kettner, Ulrike: Gedenkbuch für die Nürnberger Opfer der Shoa. Quellen und Forschungen zur Geschichte der Stadt Nürnberg (QNG) Band 29 und 30. Nürnberg 1998/2002, Selbstverlag des Stadtarchivs.

Blume, Gisela: Zum Gedenken an die von den Nazis ermordeten Fürther Juden 1933–1945. Hg. vom Komitee zum Gedenken der Fürther Shoa-Opfer. Fürth 1997.

Akten der Parteikanzlei der NSDAP. Rekonstruktion eines verlorengegangenen Bestandes. 3 Bde. Hg. vom Institut für Zeitgeschichte München. Wien 1983.

Nürnberger Dokumentenkartei. Erschließungskartei zu den Beweisdokumenten der Nürnberger Kriegsverbrecherprozesse aus dem Institut für Zeitgeschichte München-Berlin. München 2006, K.G. Saur online.

Heusler, Andreas und Weger, Tobias: Kristallnacht. Gewalt gegen die Münchner Juden im November 1938. München 1998, Buchendorfer Verlag.

Bauer, Richard und Brenner, Michael (Hg.): Jüdisches München. Vom Mittelalter bis zur Gegenwart. München 2006, C. H. Beck Verlag.

Rigg, Bryan Mark: Hitlers jüdische Soldaten. Paderborn 2003, Ferdinand Schöningh Verlag.

Kastner, Wolfgang: Schicksal (un)bekannt. München 2000.

Archive

Archiv der Südwest Presse Ulm
Bayerisches Hauptstaatsarchiv, München
Bundesarchiv Potsdam
Dokumentationszentrum Oberer Kuhberg KZ-Gedenkstätte e.V.
Erzbischöfliches Archiv München
Gedenkstätte Dachau
Institut für Zeitgeschichte München
Internationaler Suchdienst Bad Arolsen
Kreisarchiv Alb-Donau-Kreis
Landesarchiv Baden-Württemberg Staatsarchiv Ludwigsburg
Staatsarchiv München
Stadtarchiv München
Stadtarchiv Nürnberg
Stadtarchiv Ulm

Websites

www.leobaeck.de
www.jewishgen.org
www.jadvashem.org
www.shoa.de
www.buchenwald.de
www.zolynia.org
www.weisse-rose-stiftung.de

www.kz-gedenkstaette-dachau.de
www.ns-gedenkstaetten.de
www.dzokulm.telebus.de (Dokumentationszentrum KZ Oberer Kuhberg)
www.ist-arolsen.org

Danksagung

Für ihre große Unterstützung, die Bereitschaft, Fragen zu beantworten, Material zur Verfügung zu stellen, für Zuspruch, Ermutigung und Verbesserungsvorschläge möchte ich folgenden Menschen ganz herzlich danken:

Peter Probst	Andreas Heusler
Inge Fried	Silvester Lechner
Nico Fried	Wolfram Kastner
Rainer Fried	Hermann Geyer
Anneliese Fried †	Michael Geyer
Cornelie Fried	Luise Maier
Walter E. Fried	R. W.
Ilse Guhrauer	Naomi Blume
Bernd Kapferer	Ingo Bergmann
Verena Kapferer	Fritz Glauninger
Viktoria Kapferer	Pankraz Fried
Vera Deschler	

und allen anderen, die meine Arbeit an diesem Buch mit so großem Interesse begleitet haben.

Bildnachweis

S. 26 Dokumentationszentrum Oberer Kuhberg, Ulm – S. 28 Stadtarchiv Ulm – S. 29 Stadtarchiv Ulm – S. 30 Stadtarchiv Ulm – S. 31 Dokumentationszentrum Oberer Kuhberg, Ulm – S. 33 Stadtarchiv Ulm – S. 43 Ulmer Museum – S. 45 Hartmut Pflüger – S. 59 Staatsarchiv München – S. 63 Stadtarchiv Ulm – S. 77 Stadtarchiv München – S. 78 Stadtarchiv München – S. 82 Stadtarchiv München – S. 88 Stadtarchiv München – S. 90 Internationaler Suchdienst Bad Arolsen – S. 91 Stadtarchiv München – S. 101 Stadtarchiv München – S. 109 Stadtarchiv München – S. 111 Internationaler Suchdienst Bad Arolsen – S. 122 Michael Geyer, Ulm – S. 167 Hans Müller

Die hier nicht aufgeführten Bilder und Dokumente stammen aus dem Familienarchiv der Autorin.

Stammbaum der Familie Fried

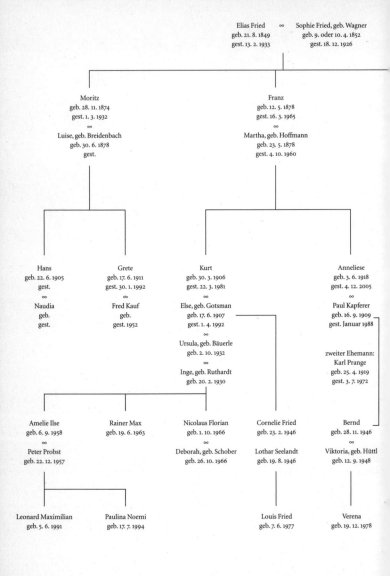

Max	Ignatz	Mathilde	Siegfried
geb. 12. 10. 1879	geb. 29. 10. 1880	geb. 3. 3. 1890	geb. 15. 8. 1894
dep. 13. 3. 1943	gest. 2. 12. 1923	dep. 24. 3. 1942	gest. 4. 9. 1894
∞		∞	
, geb. Schwarzschild	Herta	Alfred Wagner	
geb. 27. 4. 1887	geb.	geb. 2. 1. 1889	
dep. 13. 3. 1943	gest.	gest. 20. 2. 1942 (Suizid)	
eide für tot erklärt			
22. 11. 1954			

∞
Maria Rika, geb. Gross
geb. 14. 3. 1893
dep. 1936
für tot erklärt 1950

Walter	Irma	Ilse
geb. 12. 2. 1913	geb. 1921	geb. 12. 6. 1914
	gest.	dep. 24. 3. 1942

∞
na, geb. Guhrauer
geb. 27. 10. 1911
gest. 12. 5. 1990

an Kindes statt
angenommen:
Ilse Guhrauer
Nichte von Erna)
geb. 5. 2. 1952

»Katja Behrens öffnet die Augen für eine ganze Welt – wunderbar!«

Mirjam Pressler

208 Seiten. Gebunden. Ab 12 Jahren

Im Oktober 1743 macht sich der 14-jährige Mausche zu Fuß auf die Reise von Dessau nach Berlin. Es ist nicht nur die erste Reise seines Lebens, sondern auch eine Wanderung durch Feindesland, denn er ist Jude. In Berlin will der Sohn eines Gemeindedieners beim Rabbi David Fränkel lernen. Sein Glück ist, dass er unterwegs den Handwerksburschen Hannes trifft. Der steht ihm bei, als Dorfjungen ihn durch Beelitz jagen. Erst vor den Toren Berlins trennen sich die Wege von Hannes und Mausche. Letzteren wird man später einmal als den großen Moses Mendelssohn kennen, der die Philosophie der Aufklärung in Deutschland maßgebend prägte und den Lessing zum Vorbild für *Nathan der Weise* nahm.

www.hanser-literaturverlage.de
HANSER

Der neue große Roman der Bestsellerautorin

Was Mütter in ihren schlimmsten Alpträumen befürchten, wird für Freda zur Wirklichkeit: Ihre achtzehnjährige Tochter Josy, die ein soziales Jahr in Mexiko absolviert, ist plötzlich verschwunden. Freda hat nur einen Gedanken: Sie muss Josy finden – das Mädchen ist in höchster Gefahr.

Heyne Hardcover
ISBN 978-3-453-00152-7

Leseprobe unter
www.heyne.de

HEYNE‹

Amelie Fried

»Mit ihrer Mischung aus Spannung, Humor, Erotik und Gefühl schreibt Amelie Fried wunderbare Romane.« **Für Sie**

978-3-453-40550-9

Rosannas Tochter
978-3-453-40467-0

Liebes Leid und Lust
978-3-453-40495-3

Glücksspieler
978-3-453-86414-6

Der Mann von nebenan
978-3-453-40496-0

Am Anfang war der Seitensprung
978-3-453-40497-7

Geheime Leidenschaften
978-3-453-18665-1

Offene Geheimnisse
978-3-453-59015-1